浙江省新型政商关系"亲清"指数研究报告(2020)

陈寿灿　徐越倩　等 著

浙江工商大学出版社
ZHEJIANG GONGSHANG UNIVERSITY PRESS
·杭州·

图书在版编目(CIP)数据

浙江省新型政商关系"亲清"指数研究报告. 2020 /
陈寿灿等著. —杭州：浙江工商大学出版社，2021.6
ISBN 978-7-5178-4222-4

Ⅰ. ①浙… Ⅱ. ①陈… Ⅲ. ①行政干预－区域经济－
研究报告－浙江－2020 Ⅳ. ①F127.55

中国版本图书馆 CIP 数据核字(2020)第 257505 号

浙江省新型政商关系"亲清"指数研究报告(2020)

ZHEJIANG SHENG XINXING ZHENGSHANG GUANXI "QINQING" ZHISHU YANJIU BAOGAO (2020)

陈寿灿 徐越倩 等 著

责任编辑	谭娟娟
责任校对	徐 凌
封面设计	林朦朦
责任印制	包建辉
出版发行	浙江工商大学出版社
	(杭州市教工路 198 号 邮政编码 310012)
	(E-mail：zjgsupress@163.com)
	(网址：http://www.zjgsupress.com)
	电话：0571－88904980,88831806(传真)
排 版	杭州朝曦图文设计有限公司
印 刷	杭州高腾印务有限公司
开 本	710mm×1000mm 1/16
印 张	13
字 数	198 千
版 印 次	2021 年 6 月第 1 版 2021 年 6 月第 1 次印刷
书 号	ISBN 978-7-5178-4222-4
定 价	49.80 元

本著作为教育部哲学社会科学研究重大课题攻关项目"新型政商关系研究"（17JZD008）的研究成果。

前　言

　　2020 年 3 月习近平总书记在浙江考察期间，提出了"浙江要努力成为新时代全面展示中国特色社会主义制度优越性的重要窗口"的殷切期望。我们浙江工商大学的学人倍感振奋，也深感使命之重大。"经国序民，正其制度"。中国人从站起来、富起来到强起来的发展奇迹，向世人完美地证明了中国特色社会主义制度行得通、真管用、有效率。近来我国应对新冠肺炎疫情所取得的重大胜利，也再次展示了中国特色社会主义制度的优越性。浙江工商大学是一所以大商科为特色的百年名校，一直以自己富有特色的浙商研究，努力成为展示浙江与浙商的窗口，为浙江省在新时代成为全面展示中国特色社会主义制度优越性的重要窗口而贡献自己的力量。

　　结合已有的学科优势和研究积累，我们努力从 3 个方面着力，讲好"浙江故事"，当好"浙江窗口"。第一，努力将新型政商关系研究打造成为浙江省营商环境改革的展示窗口，展示"最多跑一次""最多跑一地"等改革的成果，展示浙江争当省域治理现代化排头兵的担当。我们在 2017 年底承担了教育部重大课题攻关项目"新型政商关系研究"；截至 2019 年，已经出版专著 1 部，发表高水平论文 13 篇，形成研究报告 6 篇。另一项重要研究工作便是通过指数化形式将浙江省新型政商关系状况展现出来的浙江省新型政商关系"亲清"指数研究。该指数自 2019 年首次发布便得到人民网、新华网、光明网等众多媒体报道和浙江省各地方政府的关注。第二，努力将浙商研究打造成为浙江省民营经济高质量发展的展示窗口，展示新时代浙商精神和"第一商帮"的风貌。我们为浙商发声，所提交的咨政报告《关于深化完善非公经济代表人士政治安排"浙江模式"试点的建议》，获得了中央政治局常委、全国政协主席汪洋同志，中央书记处书记、中央统战部部长尤权同志的批示。第三，努力将富有特色的体系化浙商研究打造成为浙江学人践行中国特色哲学社会科学体系建设的展示窗口，"学成致用实效彰"，将我们的研究成果写在浙江大地上。"十三五"期间，浙商研究院的系列研究成果获得省部级以上领导肯定性批示 69 次（其中，国家级以上领导批示 2 次），多项研究成果落地，充分地发挥了我们作为高校专业智库服务地方的作用，也有力地带动了浙江省内对浙商研究的新热潮。

为进一步通过指数化新型政商关系研究让浙江省营商环境"窗口"得到更加透亮的展示，浙江工商大学浙商研究院推出最新研究成果——浙江省新型政商关系"亲清指数"（2020），旨在从科学反映新型政商关系构建入手，进一步引领常态化疫情防控下其对市场主体活力的激发。

本次评价与 2019 年首次发布相比，主要有以下 4 个特点：第一，适当修正评价指标体系，以应对 2020 年新冠肺炎疫情带来的数据收集问题。比如，浙商研究院每两年一次开展的面向创业者的大规模的浙江创业调查无法进行，故我们在沿用 2018 年调查数据之外又增加相应的客观数据的指标以提升其科学性。第二，从指数评价结果来看，全省总体亲清水平有所下降，但各地区差距正在缩小，这既与 2020 年指标体系微调有关，也表明浙江省各地市都在亲清政商关系构建上发力。具体情况请见本书的相关分析。第三，将原先典型城市研究拓展至杭嘉湖、甬绍舟、温台丽、金衢等区域，在各地市研究的基础上充实区域，与浙江省区域发展战略相匹配。第四，新增加了一些当前浙江省地市一级在构建新型政商关系时的典型案例，剖析其做法，总结相关经验及不足，以期为相关地区提供借鉴参考。

在连续两年发布"亲清"指数的基础上，我们还要将这项工作持续推进深入下去，努力将"亲清"指数打造成为营商环境改革展示与学术研究的"新名片"。我们将在"细化、深化、持续化、动态化"等"四化"方面持续努力：一是评价指标体系还要进一步细化，当前包含两大维度、7 个一级指标、11 个二级指标、24 个三级指标的指标体系还不能充分反映政商关系的各个方面，未来还要增加指标，调整优化组合，重点在于通过量化呈现方式，进一步展示浙江省在营商环境改革方面的有益经验，让"浙江窗口"讲好"浙江故事"；二是评价对象要进一步深化，要逐步推进"亲清"指数覆盖浙江省全部90个区县行政区，成为各地招商引资的辅助指引，还要为各地区新型政商关系改革提供建议报告；三是评价工作要持续化，"亲清指数"将成为浙商研究院的新品牌，坚持每年发布，成为综合反映浙江省政商关系、营商环境的"晴雨表"；四是评价结果的展示要进一步动态化，既要发布浙江新型政商关系"亲清指数"评价月报、季报、年报，也要在此基础上建设浙江新型政商关系数据库，为更加动态化地评价浙江新型政商关系提供支撑。

指数评价工作贵在坚持。只要我们日积跬步，持之以恒，在这"四化"上不断努力，就一定会将这一项持续研究打造为展示浙江与浙商的"新名片""新窗口"。我们也希望各位学界、实务界的同仁不吝批评指正，并参与到这项研究中来，共同为浙江新型政商关系的构建和研究贡献一份力量。

C目录
ontents

1

新型政商关系的内涵与理论基础

1.1　新型政商关系的内涵与特征

1.1.1　新型政商关系的内涵

(1)政商关系的内涵

政商关系是现代国家治理中极为复杂的一对关系，狭义上主要指政府（官员）与企业（商人）之间的关系，但从更广泛的范围看，其涉及的是现代国家运行中政府和市场两大系统之间的基本秩序。自近代工业化催生资本主义体系以来，如何处理政商关系逐渐成为现代化制度建构中无法回避的问题。"在世界上所有的政治制度中，大部分政治是经济性的，而大部分经济亦是政治性的。"①考察不同国家的政治、经济及社会形态情况可知，政商关系是最为重要的维度之一。如何处理政府与企业之间的关系，是各国普遍面临的问题，也是现代经济学、政治学等社会科学持续关注而又历久弥新的课题。

---

① 查尔斯·林德布洛姆：《政治与市场：世界的政治—经济制度》，王逸舟，译，上海人民出版社 1997 年版，第 9 页。

　　理解政商关系，需要对政商关系的概念及其涵盖的内容进行剖析。　首先，政商关系由"政"和"商"两个维度构成，而这两个维度又分别包含多个层级关系。　就"政"的维度而言，其包含政治上层建筑、政府、政府官员等层次；就"商"的维度而言，其包含经济形态、市场、企业（企业家）等层次。　其次，从微观至宏观，政商不同层级之间形成了相互对应的复杂关系，如政府官员与企业家的关系、政府与市场的关系、政治系统与市场系统的关系等，不同层级之间相互影响、相互交融，共同构成了现代立体式、系统性的政商关系。　最后，关系是相互作用、相互影响的一种状态，这种互动和影响既可以是积极的，也可以是消极的，它往往因时而异、因势而变。　在不同的发展阶段，我们对政商关系的理解也是有差异的。　本书认为，在探讨现代国家政商关系的运行中，从微观至宏观，至少需要涉及政府公职人员与商人（企业家）、政府与企业、政府与市场这几个层级，进而对政商不同层级之间的关系进行系统性的梳理。

　　除了政商关系内在的维度和层级外，我们对政商关系的解析离不开一定的社会环境。　不同的国家，由于经济基础和政府模式不同，政商关系的互动也呈现出不尽相同的形态。　马克思主义唯物史观告诉我们，对政治和经济之间关系的理解不能脱离相应的环境。　理解政商关系的内涵，既要遵循现代国家治理过程中政商关系的普遍性规律，也要充分认识到不同国家的环境差异对构建政商关系不同路径的影响。　即使在市场机制普遍发达的现代国家，也无法回避政商关系在国家治理中的重要性，但在不同的政治经济理论、国家制度形态、社会文化传统的影响下，各国对政商关系的理解是不同的。　因此，对政商关系的理解，需要在遵循现代市场经济环境中政商普遍规律的前提下，充分考虑不同的理论形态、制度基础和社会文化传统对其的影响。　一个国家政商关系的发展导向，从根本上来说是由其国家形态和国家制度结构所决定的，同时受历史文化传统、社会心理等诸多因素影响。

　　基于此，本书认为，所谓政商关系，是指基于"政""商"两个维度，各自不同层次的内容构成的系统性的对应关系。　这种关系因受不同的经济基础、政府形态、文化传统等要素的影响而具有差异性。　本书立足于研究浙江省新型政商关系，将主要从微观、中观和宏观，即政府官员与企业家（商人）的关系、政府与企业（企业组织）的关系、政府与市场的关系 3 个方面出发，多维度地分析浙江省新型政商关系的"亲清"指数。

（2）中国特色新型政商关系的基本内涵

习近平总书记用"亲""清"两字定调新型政商关系，为中国特色新型政商关系的发展指明了方向。[①] 理解中国特色以"亲""清"为核心的新型政商关系，首先需要对政商主体及相关要素进行细致解构，然后基于马克思主义的理论指导、现代市场经济的基本规律、中国独特的制度形态和文化传统等方面，对政商不同层级之间的关系及其内在逻辑进行分析。"亲""清"新型政商关系的构建，就是要在系统性理解政商关系的基础上，对政商不同层级之间的关系进行规范化和制度化，其基本方向是政商双方各自规范和优化自身的职责行为，并健全以法治为核心的政商关系规范体系。 这种规范和优化，必须建立在马克思主义理论、中国国家治理结构和历史文化传统的场景之中。

从"政"的角度来看，构建新型政商关系的关键在于优化政府职责。 没有一个职能科学、权责法定、执法严明、公开公正、廉洁高效、守法诚信的政府，政商关系的"亲"和"清"便无从谈起。 只有明确政府在政商关系中的职和责，才能厘清政府的权力和行为边界。 同时，需要明确指出的是，相比于西方自由主义理论背景下的政商关系，中国在市场经济的发展过程中，党和政府一直扮演着积极有为的角色。 中国政府在政商关系构建中具有主导性地位，在调动和整合资源方面有着无可替代的作用。 因此，构建新型政商关系，绝不仅仅是限制政府的权力，而是要在控制政府越位和乱为、力求"清"的同时，推动政府依法积极有为，服务企业和经济发展以求"亲"。

从"商"的角度来看，构建新型政商关系需要企业家和企业组织规范自身行为，提升行业自治能力。 长期以来，由于市场经济发展过程中体制机制不健全，加上传统文化中糟粕的影响，政商关系在一些领域扭曲畸变，不仅影响了经济的有序运行，而且影响和污染了政治生态。 一些商企主体长期以来对公权力既恐惧又依赖，试图通过依附于官僚体系或者勾结相关政府官员，以

[①] 习近平:《习近平谈治国理政》(第二卷)，外文出版社 2017 年版，第 264 页。

谋求自身利益。 一些企业和商人习惯依靠"寻求关系、建立关系、维护关系、利用关系、发展关系"来寻求机会保护企业、发展企业,少数不法商人和企业甚至通过行贿和围猎政府官员的方式,以求获得不法收益。 因此,新型政商关系的构建,既离不开政府职责体系的优化,也离不开商企主体依法经营,从"商"的维度维护良好的政治和经济生态。

从"政""商"两个维度的不同层次的内容来看,中国特色新型政商关系的构建,需要从政府官员与商人(企业家)、政府与企业(企业组织)、政府与市场这几个不同层次入手,不断规范不同层次之间的政商边界,搭建不同层次之间政商有效互动的制度平台,使政商关系健康化、规范化和制度化。综上所述,本书理解的新型政商关系的基本内涵为:习近平新时代中国特色社会主义场景下以"亲""清"为核心,基于不同层次构成的具有中国特色的系统性政商关系。 新型政商关系既要求政府不断优化其职责体系,为企业经营提供良好的环境和服务,也要求商企主体依法规范自身的行为职责,共同构建良性的政商生态。 其核心是通过法治化不断规范政府与市场两大系统之间的权责边界及其互动关系。

1.1.2　新型政商关系的主要特征

(1)新型政商关系普遍性和特殊性的统一

中国新型政商关系首先是中国场景中的政商关系,既有现代国家政商关系的普遍特征,又有中国特色的国别属性。 除了遵循现代国家治理中政府官员与商人(企业家)的行为规则、政府与市场的界限、政府与企业(企业组织)的边界等普遍规律以外,相比于一些西方国家,中国政商关系的构建离不开中国独有的政治经济形态、国家治理结构和历史文化传统。 相比于西方国家"存限政府"的国家治理理念,中国在国家治理实践中一直是强政府主导的模式,强调政府在国家治理中的积极有为。[①] 尽管西方国家在发展过程中围绕政府在经济建设中的职能和作用进行了广泛讨论,但总体而言,其普遍遵

---

① 徐勇:《基于中国场景的"积极政府"》,《党政研究》2018 年第 12 期,第 5—10 页。

循了"有限政府"的基本理论逻辑。 不同于西方国家的国家治理结构，中国党政主导发展的治理模式及强政府的历史文化传统，决定了政府在推动市场经济过程中扮演着积极有为的角色。 "科学的宏观调控，有效的政府治理，是发挥社会主义市场经济体制优势的内在要求。"①中国特色政商关系在强调厘定政商边界、实现政商边界"清晰"、充分发挥市场在资源配置中决定性作用的同时，也强调政商的"亲近"，强调政府通过有效的政策行为，规范和引导市场行为，为市场有序运转提供政策和服务保障。 "使市场在资源配置中起决定性作用和更好发挥政府作用，二者是有机统一的，不是相互否定的，不能把二者割裂开来、对立起来，既不能用市场在资源配置中的决定性作用取代甚至否定政府作用，也不能用更好发挥政府作用取代甚至否定市场在资源配置中的决定性作用。"②有学者指出，中国遵循的是"有为政府＋有效市场"的政商关系基本逻辑，在明晰政商边界的基础上，同时强调政商主体在国家治理中的博弈及合作。 正是"官场＋市场"，构成了中国独具特色的经济增长机制及政府与市场的互动模式。③ 因此，对中国特色政商关系的理解，既要立足于现代国家政商关系的普遍性规律，又要充分考虑中国国家治理模式内在的特殊性。 对中国特色新型政商关系的评估，在考察政府和企业廉洁度、透明度及厘清双方边界的同时，还需要强调政商之间内在的互动性和协作性。

(2)新型政商关系传统性与时代性的统一

问题就是时代的口号。 习近平总书记提出以"亲""清"为核心的新型政商关系，是对当前政商领域腐败多发、关系扭曲等现象的有力回应。"经过20多年的实践，我国社会主义市场经济体制已经初步建立，但仍存在不少问题，主要是市场秩序不规范，以不正当手段谋取利益的现象广泛存在……这些问题解决不好，完善的社会主义市场经济体制是难以形成的。"④在中国特

---

① 习近平：《习近平谈治国理政》，外文出版社 2014 年版，第 117—118 页。
② 习近平：《习近平谈治国理政》，外文出版社 2014 年版，第 117 页。
③ 周黎安：《"官场＋市场"与中国增长故事》，《社会》2018 年第 2 期，第 1—45 页。
④ 习近平：《习近平谈治国理政》，外文出版社 2014 年版，第 77 页。

色社会主义进入新时代的场景下，作为国家治理的重要维度，政商关系亟须规范化。 首先，从政商关系的实践现状来看，当前一些领域内政商关系的不规范严重影响了国家治理现代化的政治经济生态，对原有政商关系进行规范已是当务之急。 新型政商关系的构建需要通过反腐败斗争消除官商勾结、创租寻租等行为，消除各种"玻璃门""弹簧门""旋转门"。 其次，从政商关系不规范的原因来看，除了政府官员和商人（企业家）之间不道德的行为以外，政府与企业（企业组织）、政府与市场之间，最主要的问题在于社会主义市场经济建设过程中体制机制的不完善。 因此，在深入持久地打击腐败、消除官商勾结的基础上，亟须通过体制机制的完善，为新型政商关系的构建明确政商之间的相互职责，搭建良性健康的政商互动平台，从根本上去除导致政商关系不规范的土壤。 最后，从新型政商关系构建的目标导向来看，关键是要为企业经营和发展提供良好的政商环境，激发企业创造力和市场活力，建立起政商之间健康有效互动的体制机制，完善中国特色社会主义市场经济体系。 因此，我们探讨新型政商关系的构建，必须回应时代问题，在国家治理现代化的历史进程中分析新型政商关系的实践路径。

(3)新型政商关系法治化与伦理化的统一

法治是现代国家治理的本质属性，新型政商关系的构建离不开法治保障。 现代国家运行主要靠政府系统、市场系统和社会系统三大系统，而法治既是明确三者边界又是连接三者关系的根本纽带。 只有不断推动政商关系的法治化，才能为政商关系的规范建立长久可持续的保障机制。 从法治角度来看，新型政商关系的构建既需要从立法角度为政商关系建立法律规范，也需要从执法和司法角度为其提供保障。 需要指出的是，中国的政商关系建立在中国独有的文化传统和社会基础上，所以在保证"清"的同时还要强调"亲"，绝不仅仅是通过法治路径将两者界限划清，还要通过社会伦理规范为新型政商关系的构建进行价值引导，即除了强制性的法律法规外，还需要柔性的社会伦理来规范政商主体之间的行为并促进两者之间的良性互动。 要充分实现法律的规范作用和社会伦理的引导作用的统一，"在推进依法治国过程中，必须大力弘扬社会主义核心价值观，弘扬中华传统美德，培育社会公德、职业道德、家庭美德、个人品德，提高全民族思想道德水平，为依法治国创造良好的环境"。① 新型政商关系的构建，在通过优化立法、司法和执法路径为政商关系不断明确制度界限的同时，还需要通过完善新型政商伦理道德体系，为政商关系的良性互动夯实文化和社会心理基础。因此，中国语境中新型政商关系的法治化，既要强化法治这一核心保障，也要优化社会伦理规范。新型政商关系的构建，需要在推动政商关系法治化，不断优化立法、司法、执法层面相关保障的同时，通过社会伦理和文化建设，为新型政商关系的发展培育良好的社会生态环境。概而言之，就是要通过法治和伦理、硬性和柔性两面，为新型政商关系的发展培育建立良好的规范体系。

1.2　浙江省新型政商关系评估的理论基础

1.2.1　浙江省新型政商关系评估指标体系构建的基础理论

政商关系反映的是营商环境的关键内涵，故而在构建指标体系对其进行系统评估时应认识到政商关系的多维性与复杂性。经济学、政治学、社会学、管理学等多个学科都有着相应的理论，对政商关系或政企关系的评估起着重要的支撑作用。本评估指标体系具体涉及以下理论与论述：政治关联理论、官员晋升锦标赛理论、规制俘获理论、政企合谋理论、寻租（腐败）理论、依托理论等，以及习近平总书记"亲""清"新型政商关系内涵的论述与 Baum et al.（1999）提出的二维框架等依托理论。根据这些重要理论与论述及其研究，本部分构建了包括"亲近""清白"两大维度的指标体系，前者包括政府对企业的服务、政府对企业的支持、民营企业活跃度、政府亲近感知度等 4 个一级指标，后者包括政府廉洁度、政府透明度、政府廉洁感知度等 3 个一级指标。

（1）政治关联理论及研究

企业政治关联一般可以认为是企业与政府部门或拥有政治权力的个人之

---

① 习近平：《习近平谈治国理政》（第二卷），外文出版社 2014 年版，第 117 页。

间形成的非正式、特殊的政企关系,表现为企业高层管理人员及大股东拥有在政府部门任职的经历,或者通过公益事业及人际关系网络建立的与政府的关系等;政治关联不同于政治贿赂,它在法律层面是合法的。 Fisman（2001）和 Faccio（2006）较早开始关注政治关联（Political Connection）对企业的价值,并探索政府对企业行为的影响。 其后,从政治关联角度对中国政府与企业的关系的研究大致从两条路线展开:一是 Li et al.（2008）,Chen et al.（2011）,Piotroski et al.（2014）,Li et al.（2015）,Lin et al.（2015）,Ferris et al.（2016）和 He et al.（2017）等分别从融资选择、控制权结构架构、企业 IPO 决策、企业慈善、并购活动、审计师选择等角度研究了政治关联与企业行为的关系;二是 Fan et al.（2007）,Berkman et al.（2011）,Li（2013）,Fonseka et al.（2015）、Xu et al.（2015）,Chen et al.（2017）和 Cao et al.（2017）等分别从 IPO 后业绩、少数股东保护、CEO 自身晋升关注、私募股权投资决策、二代涉入后企业绩效、融资约束缓解、IPO 通过率、企业价值、CEO 堑壕效应等方面研究了政治关联带来的后果。近年来,部分研究也开始讨论政治关联对获得金融市场救助、政府补贴及债务成本削减等调整企业杠杆率等因素的影响（Banerji et al.,2018;Lim et al.,2018）。

国内学者对政治关联的研究延续了国外学者的思路,如:罗党论等（2008）、潘红波等（2008）、张敏等（2009）、潘越等（2009）、贾明等（2010）、余明桂等（2010）、于蔚等（2012）、戴亦一等（2014）、党力等（2015）研究了政治关联对财政补贴获得、融资便利获取、企业并购、多元化经营、战略性慈善实施、企业创新等方面的影响;邓建平等（2009）、肖浩等（2010）、杨其静（2011）、田利辉等（2013）、唐松等（2014）分别从民营企业经营绩效、权益资本成本、企业成长、长期绩效、未来经营绩效等角度研究了政治关联带来的后果。 同时,部分研究开始讨论政治关联对企业资本市场股权再融资等方面的影响（如杨星等,2016）。

(2)官员晋升锦标赛理论及研究

长期以来,学术界一直在为中国改革开放以来的经济增长奇迹寻求解

释，其中重要的观点落在地方政府、地方官员行为对经济增长的推动上。 继
"中国特色联邦主义"假说（Weingast，1995；Qian et al.，1996，1997）
后，学术界认为，经济上的财政分权必须和政治上的集权相结合才能解释中
国的经济增长（如 Li et al.，2005）。 以官员为分析对象研究其政治激
励——晋升对地方经济的影响，使得晋升锦标赛理论（周黎安等，2007，
2008）出现。 该理论认为，在行政和人事方面的集权制下，地方官员会为追
求晋升而积极推动经济增长，表现出"政治人"的属性；在中央政府致力于经
济建设、强调"发展是硬道理"的背景下，地方官员的晋升考核标准也由以政
治表现为主转变为以经济绩效为主，由此，关心仕途的地方官员在强力激励
下，围绕生产总值增长而展开晋升锦标赛。 在实证方面，Li et al.（2005）、
张军等（2007）、王贤彬等（2008）发现，中国省委书记、省长任期内的生产
总值增长速度的加快会显著提高其晋升的可能性；Fan et al.（2009）对地级
市官员样本的实证研究也证实了该理论。

因此，关于地方政府对经济增长的研究又从官员个人特征与辖区经济增
长间的关系（如王贤彬等，2009；徐现祥等，2010）来进一步深入探索官员推
动经济增长的微观途径，即地方政府干预与企业行为这一层面，如：钱先航等
（2011）考察了地方官员晋升压力及其任期对城市商业银行贷款行为的影响；
徐业坤等（2013）发现，当面临政治不确定性（市委书记更替）时，民营企业
的投资支出会明显降低；干春晖等（2015）发现，地方官员会在晋升关键时期
向企业提供更多土地及融资优惠；曹春方等（2014）发现，财政压力和晋升压
力都会导致地方国有企业过度投资，官员任期则与之存在倒 U 形关系；罗党
论等（2016）证实，重污染企业投资的增加会对地方官员晋升产生显著的负面
影响；等等。

(3)规制俘获理论及政企合谋理论与研究

规制俘获（Regulatory Capture）指的是主管机关在其主管范围内制定某
种公共政策或法案，在损害公众利益的状况下，使得特定领域商业或政治利
益团体受益的行为。 当规制俘获发生时，企业或政治团体的利益比公众利益
更被优先考量，使得社会全体受到损失（Stigler et al.，1962）。 一般认为，

信息不对称是规制俘获能够成立的基础,被规制企业能够获得的信息租,扣除实施规制俘获的成本(如被发现的成本和私下转移支付的低效率损失),就是被规制企业可用于进行规制收买的"额度"(Laffont et al.,2009)。

聂辉华等(2006)首次将地方政府为了政绩而纵容企业选择"坏的"生产方式的现象称为"政企合谋"(Local Government-firm Collusion)。在此过程中,地方政府及官员会得到经济上的财税收益好处和政治上的升迁机会,企业则通过节约成本和逃避管制来获取更高的利润,但这会导致各类生产安全事故和社会问题的出现,给当地居民造成损失,并在一定程度上危害中央政府的权威和利益。进而,基于已有的合谋理论(如 Tirole,1986,1992),包括防范合谋发生的逆向选择模型及道德风险模型,以及委托人默许合谋的均衡合谋(Kofman et al.,1996;Suzuki,2007),聂辉华等(2015)构建起一个涉及"中央政府—地方政府—企业"的 3 层博弈模型,展示了中央政府的均衡合谋契约与防范合谋契约,发现:第一,当经济增长超过社会稳定成本时,中央政府会默许政企合谋;第二,价格水平、公众偏好、事故发生概率的变化会导致中央政府在防范合谋和默许合谋之间转变;第三,分权的属地管理方式在某些条件下,较之集权的垂直管理方式更容易导致均衡合谋。他们的研究与以往垂直管理方式比属地管理方式更容易防范合谋的观点(如王赛德等,2010;尹振东等,2011)并不一致。

(4)寻租(腐败)理论及研究

腐败作为一种世界性的现象,始终是困扰各国政府治理的重要问题。在经济学中,腐败一般指政治腐败或官员腐败,即政府官员"为了私人利益而滥用公共权力"(Svensson,2005)。有关腐败的研究主要包括两大类:第一类研究腐败发生的原因,如 Glaeser et al.(2006)梳理出官员工资、教育水平、政府规模、政府管制、财政分权、族群差异等导致腐败的因素;第二类研究腐败产生的后果,特别是腐败对经济效率的影响。在第二类研究中,学术界形成了两种对立的观点:一种观点认为,腐败是"沙子",会扭曲资源配置,阻碍经济长期增长(如 Shleifer et al.,1993;Mauro,1995);另一种观点认为,腐败是"润滑剂",有助于企业规避无效的政府管制,从而提高经济效益（如 Lui，1985）。

聂辉华等（2014）认为：其一，既有实证研究多使用跨国企业数据（如 Mo，2001；Rosa，2010），难以反映腐败在不同发展阶段国家间的差异，比如发展中国家有着更多无效率的政府管制，一定程度的腐败可能有助于企业规避无效率的政府管制；其二，现有企业的数据基本上是横截面数据，无法消除企业固定特征带来的估计偏差；其三，中国的腐败程度比较严重，却又是世界上发展最快的经济体，现有研究很难解释中国的"腐败与经济增长之谜"。继而，他们以 1999—2007 年中国制造业企业的微观数据，考察地区层面的腐败对企业全要素生产率的影响，从 3 类特征揭示腐败对不同类型企业全要素生产率的影响：其一，腐败对国有企业的生产率并无影响，对民营企业则有着正效应；其二，腐败对固定资产比重高的企业有着更大的负效应；其三，腐败对中间产品结构比较复杂的行业有着更大的负效应。

在腐败对企业行为的影响方面，由于贿赂等腐败行为有着内在隐蔽性，不但监督困难，而且给研究取证造成困难（如 Reinikka et al.，2006；Olken et al.，2012）。李捷瑜等（2010）研究了转型经济中企业销售增长与贿赂的关系，发现企业的贿赂与其利润增长之间存在显著的正相关关系，特别是贿赂能够通过降低官员掠夺或帮助企业获得资源而促进其销售增长。而基于中国企业运行的实际，Cai et al.（2011）以招待费和差旅费支出（Electronic the Collection，ETC）作为度量腐败支出的新指标，发现其兼具"保护费"和"润滑剂"的作用，可以帮助企业获得更好的政府服务，降低实际税率和管理支出；黄玖立等（2013）发现，该方面的支出越多，企业获得的政府订单和国有企业订单也越多。

(5) 依托理论及研究

Baum et al.（1999）根据地方政府是否深度干预企业经营（亲近程度）和对经济发展是否具有促进作用（经济绩效）两大维度，将政府与企业的关系划分为 4 种类型，即企业家型、发展型、侍从型和掠夺型。依照此框架，如果政府直接经营企业，并促进其经济增长，则政商关系就是企业家型；如果政府通过营造良好的环境来招商引资，并促进企业经济增长，则政商关系就是发展型;如果政府及官员与企业家有私交且政府及官员参与企业盈利,并促进其经济增长,则政商关系就是侍从型;如果政府及官员利用职位和权力获取非生产性租金,并促进企业经济增长,则政商关系就是掠夺型。 前两种类型的政商关系总结和反映了当初日本、新加坡等东亚经济体的发展状况,并部分反映了中国经济奇迹产生的原因,但并未讨论政府廉洁度即"清"方面的问题。

习近平总书记深刻阐述的"亲""清"新型政商关系,为我们评估当前政商关系情况指明了方向。 对于领导干部而言,所谓"亲",就是要坦荡真诚地同民营企业家接触交往,特别是在民营企业遇到困难和问题时更要积极作为、靠前服务,对非公有制经济人士要多关注、多谈心、多引导,帮助他们解决实际困难;所谓"清",就是同民营企业家的关系要清白、纯洁,不能有贪心、私心,不能以权谋私,不能搞权钱交易。 而对于民营企业家而言,所谓"亲",就是积极主动地同各级党委和政府多沟通多交流,讲真话、说实情、谏诤言,满腔热情地支持地方发展;所谓"清",就是要洁身自好走正道,做到遵纪守法办企业、光明正大搞经营。 因此,从"亲""清"两个维度评价当前新型政商关系的情况,不仅与已有的政商关系理论研究相呼应,更与新时代中国特色政企关系的内涵相吻合(见表1-1)。

表1-1 习近平总书记对领导干部和民营企业家的"亲""清"要求

对象	维度	要求
领导干部	"亲"	坦荡真诚交往,积极作为、靠前服务,多关注、多谈心、多引导
	"清"	关系清白、纯洁,不能有贪心和私心、以权谋私、搞权钱交易
民营企业家	"亲"	积极主动与政府多沟通多交流,讲真话、说实情、谏诤言
	"清"	洁身自好走正道,遵纪守法办企业,光明正大搞经营

1.2.2 浙江省新型政商关系评估的相关理论与应用研究

(1)当前新型政商关系的相关理论研究

①新型政商关系的内涵界定与测度标准研究

新型政商关系是对政商关系基本内涵的延展深化,也是目标追求、价值意蕴和实现路径的有机耦合。 把握基本内涵是践行新型政商关系的认知前提，揭示价值意蕴是践行新型政商关系的内生动力，构建创新路径是践行新型政商关系的实践保障（郑善文，2018）。 一些研究通过界定新型政商关系的内涵、特征，间接反映出政商关系的测度标准。

在基本内涵研究方面，卞志村（2018）认为，要从"四个全面"战略高度把握"亲""清"新型政商关系的内涵，全面建成小康社会是其服务的宏观目标，全面深化改革是其强大动力，全面依法治国是其重要保证，全面从严治党是其政治保证。 郑善文（2018）从"亲""清"的原初语义与伦理特质入手，认为：只有充分发挥其教化人、培育人的作用，才能筑牢新型政商关系；领导干部与民营企业家要在深入领会时代内涵与现实要求的前提下，精准把握政商相互作用关系中的中庸之道；在内在逻辑与价值取向上，新型政商关系是"亲、清、治"实践逻辑和"义、利、情、理、法有机统一"价值逻辑的完美耦合。

在价值意蕴研究方面，基于浙江省政商关系构建的实践，杨卫敏（2016）认为，"亲""清"分别对领导干部和非公有制经济人士提出要求，需要政商双方共同努力，其中"政"是主要方面，应该主动有所作为：一是坚持中国特色社会主义方向的指导思想；二是坚持法治与德治相结合的工作原则；三是坚持有序有效的工作目标；四是坚持规范长效的工作机制。 杨卫敏（2018）参照企业文化建设同心圆，将政商关系分为表层关系（关系形式）、浅层关系（关系行为）、深层关系（关系制度和机制）和核心关系（关系文化）。

在创新路径研究方面，邱实等（2015）在回顾中国政商关系演变后，探讨了在国家治理现代化进程中的"政"与"商"，并从新型政商关系构建与演变的宏观层面和官员与商人（企业家）关系的微观层面，寻求政商关系最清廉、最有效的发展路径。 王蔚等（2016）将良性互动的"亲""清"政商关系概括为"沟通、互助、守法、诚信"4 条基本原则，认为只有把握这 4 条原则，从"法治"和"德治"两方面着力，才能构筑一条最为清廉、最为有效的政商关系发展路径。 唐亚林（2016）认为，新型政商关系社会价值体系的核心是民主法治价值及官商二元化价值，追求平等服务精神、清廉正派意识和守法诚信价值是衡量新型政商关系构建程度的重要内容。 侯远长（2017）认为，当前政商关系构建中的主要问题是"清"而不"亲"、舍"亲"保"清"，同时认为构建新型政商关系的路径有 4 条：一是强化服务意识，转变政府职能，建立政商沟通机制；二是以法律法规制度为保障，使"亲"情常在、"清"气常存；三是拓展民间融资渠道，建立 4 个服务平台；四是领导干部要发挥主导作用，改变不敢为、不愿为、不作为的现象。

②新型政商关系的维度构建研究

在理论研究方面，国内已经有一批学者开始关注及考察新型政商关系的各种维度。 在"亲"这个维度上，陈璟等（2016）认为，可以借鉴服务型政府的基本要素（如施雪华，2010）来设计相关指标，将服务型政府的基本要素和平衡计分卡的 4 个考核维度结合起来，建立起考核政商关系"亲与不亲"的指标体系，即政府职能转变维度、工作流程维度、顾客维度和效益维度。 其中，政府职能转变维度旨在考察政府为了更好地满足客户要求需要做出的改变，工作流程维度关注政府为了构建新型政商关系应如何对自己的工作流程进行设计和改进，顾客维度关注作为政府服务对象的顾客对政府服务的评价和感受，效益维度则是运用考核结果来进行奖惩和激励。

褚红丽（2018）用产权保护、市场准入、融资环境、公共服务水平、基础设施完备等指标考量政商交往中"亲"的程度，通过企业向政府的行贿及企业人员在政府部门的任职情况来反映政商关系中"清"的程度。 基于中央统战部、全国工商联、国家工商行政管理总局、中国民（私）营经济研究会组织的"中国私营企业调查"（2012）和世界银行组织的"中国企业环境调查"（2005）数据，实证检验政商关系中"亲"环境的建立对"清"关系的影响，发现产权保护、市场准入、融资环境等"亲"的环境因素更有利于"清"关系的建立，说明硬性环境已经不构成中国企业发展的主要障碍和不良政商关系的主要原因，而软性制度的好坏则成为影响政商关系清廉与否和市场竞争环境公平有序与否的重要因素。

(2)当前新型政商关系评估的相关研究

①小规模区域性新型政商关系评估研究

据我们掌握的资料，自 2017 年起，一些研究开始关注区域性新型政商关系的评估工作。 如江阴市委党校联合课题组（2017）通过政商关系认知、政商交往行为、政务服务水平和企业家政治参与等 4 个指标，对当地部分企业家进行问卷调查与访谈座谈，累计回收有效问卷 499 份，旨在了解和掌握当地政商关系的现状和当地新型政商关系的构建情况，并据此提出新型政商关系构建过程中统战工作的要点。

李岚（2018）以河南省为例，采用深度访谈与问卷调查的方式，考察民营企业与政府之间的互动实践及存在的问题，在确定 15 家重点访谈对象和 2 次预调研后设置了 3 组共 44 个问题，包括企业和问卷回答人的基本情况，企业对自身一般经营环境和政策、行政环境的评价，企业政治参与情况（民营企业对政治参与的态度和看法，参与的方式、渠道、特征和效果及参与过程中存在的问题），进而向郑州、洛阳、开封和三门峡等 4 个地级市的民营企业发放问卷 700 份，获得有效问卷 584 份。 其研究发现，现有局面下政府与民营企业之间缺乏持续有效的沟通，这不利于"亲"型政商关系的建立。 此外，参政渠道少、有效性不高导致企业受到不公正待遇时缺乏正当解决渠道，不得不利用资源寻求非官方渠道，这不利于"清"型政商关系的建立。

②大规模全国性新型政商关系评估研究

体现出"亲""清"新型政商关系中某一重要维度的评估研究如下：

"亲"方面，影响力较大的是新加坡南洋理工大学的连氏中国城市服务型政府指数，其可以在一定程度上反映"亲近"政府建设成果。 自 2010 年起，该课题组连续 5 年对中国城市的公共服务质量进行调查和排名，并发布《中国城市服务型政府指数》报告，旨在考察公众和企业对公共服务与政府管理的满意度，其指标体系构建也维持了较好的连续可比性。 以其 2014 年的调查为例，该课题组利用电话访问系统调查了 36 个城市的 25 370 位居民和 3687 个企业（总计拨打电话近 39.6 万个）；其指标体系包括服务型政府公众视角、服务型政府企业视角和基本公共服务等三大维度，分别包含 5 个、4 个、11 个子维度共 70 个测量指标，并给出了各个子维度的城市排名，为进一步提升中国政府治理能力、转变政府行政管理模式、推进服务型政府的建设提供了有力的决策支持。 此外，还有世界银行发布的《营商环境报告》（*Doing*

Business),它自 2003 年开始发布,主要关注政府监管效率、营商便捷度等方面,侧重于客观衡量营商环境,但没有考察政府服务力。

在"清"方面,清华大学公共管理学院每年发布的《中国市级政府财政透明度研究报告》从财政信息公开情况来反映政商交往过程中政府透明度的建设情况。自 2011 年起,该机构开始发布研究报告。以 2016 年度报告为例,其通过对全国 4 个直辖市、291 个地级市及 358 个县级市财政透明度情况的综合分析研究,给出该年度各市政府财政公开的排序情况。市级政府财政透明度体系包括八大类指标——政府的结构和职能,显示政府与其他公共部门的关系图,本年度预算内财政报告,政府性基金、土地出让金、债务、"三公"消费情况,上一年度预算执行情况报告,本年度决算报告,本年度预算会计基础及编制和介绍预算数据所使用的标准,预算外活动、债务、金融资产或者负债和税收支出信息等,核心在于市级政府对预算与预算执行情况,即"四本账"(公共财政、政府性基金、国有资本经营及社保基金)的公开情况。

此外,上海财经大学公共政策研究中心自 2009 年以来发布的涉及我国省级政府财政透明度的年度研究报告——《中国财政透明度报告》,系我国首份系统研究省级政府财政透明度的报告,包括 114 个调查提纲(由 113 个项目指标和 1 个态度指标构成)。中国社科院法学研究所法治国情调研组每年发布的《中国政府透明度年度报告》主要研究国务院所属的 59 个部门和 43 个较大城市的政府透明度,自 2011 年后也增加了 26 个省级政府的依法公开政务信息情况。以上三类调研分别包括 5 个、6 个、5 个部分,并给出了各自的排名情况。

③基于"亲""清"两个维度开展的全国性大规模新型政商关系评估研究

在相关报告中,最具影响力的是中国人民大学国家发展与战略研究院政企关系与产业发展研究中心发布的《中国城市政商关系排行榜(2017)》。该报告从"亲近"和"清白"两个维度出发,构建包括政府对企业的关心、政府对企业的服务、企业的税费负担、政府廉洁度、政府透明度等 5 个一级指标,11 个二级指标和 17 个三级指标的评估体系,并对全国 285 个地级以上城市的新型政商关系构建情况进行评估排名,是我国第一份城市政商关系排行榜。该研究报告具有以下 3 个优点和特色：一是其在研究框架上，首次从"亲""清"两方面对新型政商关系进行系统评价，形成对应的评价指标体系；二是在研究对象上，是国内首份专门关注政商关系的城市排行榜，更为微观和深入地探究了国内不同地区与城市间营商环境的差别；三是在数据来源上，综合使用官方数据、网络数据与企业调查数据，实现一手数据和二手数据、公开数据和独立数据、主观数据和客观数据的"三结合"，产生了较大的社会影响力。

此外，关于这方面的研究还有国民经济研究所樊纲、王小鲁团队发布的中国分省企业经营环境指数报告（王小鲁等，2013，2017），中国社会科学院倪鹏飞团队发布的《中国城市竞争力报告》（倪鹏飞，2012），中山大学发布的中国城市政府公共服务能力评估报告（何艳玲，2013，2016），中国社会科学院发布的中国城市基本公共服务力评价报告（侯惠勤，2013），这些报告的侧重点在于城市政府提供的各类公共服务的质量，并且侧重于公民而非企业。2019 年 5月，中国战略文化促进会、中国经济传媒协会、万博新经济研究院和第一财经研究院联合发布了《2019 中国城市营商环境指数评价报告》，从"硬""软"两大维度、7 个二级指标、35 个三级指标出发，对中国经济规模排名前 100 的城市的营商环境情况进行了评价。

(3)浙江省新型政商关系"亲清指数"的特色与创新

本部分在依托已有的政商关系理论研究及习近平总书记新型政商关系论述的同时，充分借鉴、吸收已有政商关系评价的优秀成果［如《中国城市政商关系排行榜（2017）》，以下简称人大版］，并立足浙江省新型政商关系的现实，体现本评估研究工作的浙江特色，以更好地服务于浙江省新型政商关系的进一步构建。

①基于浙江实际情况设计指标

本评估研究工作最大的特色与创新在于从浙江省的实际情况出发来设计指标、搜集数据，力图更加真实、准确地反映当前浙江省新型政商关系的情况。比如在金融环境测度方面，人大版更偏重从银行间接融资方面来反映，设置年末存贷款余额/生产总值、银行网点数量/总人口、金融业从业人数/总人口等指标来进行测度；而本评估则结合浙江省直接融资与民间资本均较为发达的现实情况，设置私募基金公司数量/生产总值、上市公司数量/规模以上工业企业数量、每亿元总市值/每百亿元生产总值等指标加以考量。

　　如此设计的原因在于，截至 2018 年底，浙江省共有境内外上市公司 500余家（其中境内 429 家），数量位居全国第二（按省份排名仅次于广东省）；当前杭州市有境内外上市公司 178 家，在全国各大城市中仅次于北京、上海、深圳，位列第四，上市公司总市值位列全国第四、省会城市第一，①其中民营企业更占到约 90％的比例，显示出浙江省民营企业利用资本市场、直接融资的能力的强大。上市公司的融资能力与一般公司相比，不可同日而语。上市公司更有着强大的造富能力，由此衍生出大量高净值人群从事私募股权基金投资。按注册地统计（截至 2018 年），浙江省私募基金管理机构的数量约为 2890 家，位列广东、上海、北京之后；管理基金规模超万亿元，位列北京、上海、广东之后，显示出浙江省强大的民间资本实力。

　　②提高准确度,避免模棱两可指标

　　本评估的另一特色是尽量避免模棱两可指标以提高评估准确度。比如在政府服务力方面，没有采用人大版中"市领导视察""市领导座谈"等不可确定正反的指标，而改用来自浙江省大数据发展管理局的"服务完备与准确度""服务成熟与成效度"等指标。原因在于，"市领导视察""市领导座谈"的数量虽然可以显示政府对企业的重视，但并不能很好地显示政府对企业的关心程度，其可能成为"亲近"方面的正向指标，也有可能是"清白"方面的负向指标，故本评估不予采用。自 2016 年底浙江省提出"最多跑一次"改革以来，这一面向政府自身的革命初见成效，新型政商关系构建已取得阶段性成果。在本评估指标体系中，服务完备与准确度、服务成熟与成效度下的服务方式完备度、事项覆盖度、办事指南准确度、在线服务成熟度、在线服务成效度等直接测度指标可以有效地反映政府服务力情况，并能够从浙江省大数据

---

① 乐居买房:《去年"杭州籍"上市公司总市值 13322.4 亿,位居全国第四,省会第一》,东方资讯网,2019 年 4 月 24 日,www.hangzhou.gov.cn/art/2019/4/24/art_812266_33701245.html。

发展管理局获取数据，进行标准化测算，进一步保证评估结果的科学性和准确度。

③公开数据结合一手调研数据

本评估工作的第三个特色是坚持公开数据结合一手调研数据的数据获取方式，特别是本研究团队长期深耕浙商研究而积累了丰富的一手调研数据。人大版指标数据基本来自公开数据（年鉴、数据库、网站等），而本评估则结合了浙江工商大学浙商研究院所做的覆盖浙江省 11 个地级市的创业调查，特别是在"亲近"指数维度中的企业活跃度、政府亲近感知度方面，浙商研究院有着丰富的积累。浙商研究院于 2017 年启动"浙江创业观察"调查工作（每两年一次），根据人口数量、经济发展水平对浙江省 11 个地级市进行分层分类，随机抽样获得 1860 个有效样本（调查显示，创业者人数为 982 人，占总样本人数的 52.8%），通过问卷填写的方式获取大量有关浙江省创业情况的一手资料，为本评估体系中民营企业活跃度和政府亲近感知度两大一级指标提供了直接支撑。本评估工作采用这种直接深入观察浙江省现实情况而获得的一手数据，可以更好地反映当前浙江省新型政商关系构建的基本情况。

1.3 浙江省新型政商关系评估的现实意义

1.3.1 浙江省新型政商关系评估问题的提出

2016 年 3 月 4 日，习近平总书记看望参加政协会议的民建工商联委员时，提出了新形势、新条件下政府官员和非公有经济人士互动交往的新要求、新希望，并将其概括为"亲""清"政商关系。此后，这就成为中国特色社会主义市场经济建设和社会主义现代化建设过程中政府官员和非公有制经济人士互动交往的指南，具有深刻的理论与现实意义。党的十九大报告提出："构建'亲''清'新型政商关系，促进非公有制经济健康发展和非公有制经济人士健康成长。"2018 年 11 月 1 日，习近平总书记在民营企业座谈会上再次指出，要坚持"两个毫不动摇"和构建"亲""清"新型政商关系，并要求各级党委和政府把构建"亲""清"新型政商关系的要求落到实处，把支持民营企业发展作为一项重要任务。近年来的政府工作报告也都提出要激发市场主体活力，着力优化营商环境，让企业家安心搞经营、放心办企业。

浙江作为民营经济大省，省委、省政府一直秉持"民营经济强则浙江强，民营经济好则浙江好"的理念，高度重视构建"亲""清"新型政商关系，重视民营经济发展和营商环境优化。2016年，省委出台《关于构建新型政商关系的意见》，提出9项加快构建新型政商关系的举措。在2017年11月第四届世界浙商大会开幕式上，时任省委书记车俊指出，要积极构建"亲""清"新型政商关系，做到工作到位、政策到位、服务到位、关爱到位，传承"亲商、安商、富商"的传统，着力打造最佳营商环境；以"最多跑一次"改革为切入口，营造有利于干事创业的优质环境；营造风清气正的良好环境；保护产权，破解要素制约，营造企业健康发展的社会氛围。2018年7月，省委十四届三次全会通过《中共浙江省委关于推进清廉浙江建设的决定》，进一步提出搭建政商沟通交流平台，优化亲商、安商、富商的营商环境。2018年11月1日—7日举行中央民营企业座谈会后，在2018年12月26日的省委经济工作会议上，时任省委书记车俊与民营企业家座谈，在听取相关发言后，提出深化落实习近平总书记关于支持民营企业发展的6方面政策举措，并要求各地各部门深入贯彻落实中央经济工作会议精神，按照省委、省政府的决策部署，坚定不移地把民营经济做强、做优，落实好构建"亲""清"新型政商关系的要求。

如何将浙江省这一系列落实中央部署要求的举措成效进行系统化、直观化、数据化的反映，还需要借助统计指数这一有力工具。一方面，只有通过构建综合评价指标体系，才能科学地评估近年来浙江省各地在"最多跑一次"改革、"清廉浙江""梧桐行动""凤凰工程"等工作的促进下，构建"亲""清"新型政商关系的情况，并找到现存的相关问题，进一步优化营商环境。另一方面，在现行体制下，没有评价体系就无法推动考核；没有考核压力，就难以推进新型政商关系的落地（杨卫敏，2018），且难以通过总结经验及分析问题，推动政商关系的持续改善。因此，我们认为，推动浙江省新型政商关系评估工作，将旨在解决以下几个科学问题：当前浙江省整体营商环境的情况如何？ 各地区的情况如何？ 进行横向比较后的差异在哪里？ 根据评估工作的结果，各地区未来进一步优化营商环境的方向和着力点在哪里？

浙江工商大学浙商研究院是浙江省首批新型重点专业智库之一，长期致力于政商关系研究，且承担着教育部重大课题攻关项目"新型政商关系研究"。 依托浙江工商大学的经济学、统计学、法学等优势学科，浙商研究院、大数据与统计指数研究院及教育部重大项目"新型政商关系研究"课题组，系统推进了新型政商关系研究。 经过长期研究、多方征求意见，从"亲""清"两个维度，我们构建的新型政商关系"亲清指数"评价体系，成为全国首个省域范围内开展新型政商关系评估的试验性"体检报告"。 该指数以地级市为单位，通过浙商研究院所做的 1860 份大样本调查，按浙江省 11市人口比例取得 982 个创业者样本作为一手资料，配以大量二手客观数据，对浙江省 11 个地级市的政商关系进行评估分析，旨在观测、提炼浙江省改革的先行经验，查摆问题，靶向施策，更精准地服务企业，促进"亲""清"新型政商关系的构建，努力把浙江建成非公有制经济健康发展的标杆省份。

1.3.2 浙江省新型政商关系评估的现实价值

对浙江全省开展新型政商关系的系统性评估工作，我们认为有以下 4 点现实价值，即"四个有利于"。

(1)有利于系统地反映当前浙江省各地区新型政商关系构建的情况,发挥"晴雨表"作用

依托已有新型政商关系方面的研究，借助统计指数这一有力的工具，可以科学、直观地展现出当前浙江省各地区新型政商关系构建的基本情况，发挥"晴雨表"作用，并做好"细化、深化、持续化、动态化"的"四化"工作：进一步细化指标体系，调整优化组合；进一步深化评估对象，争取更大更广的覆盖面；进一步将评估工作持续化，做到纵向可比较、可查阅；进一步动态化展示、发布评估月报、季报、年报，构建指数数据库以支撑未来长期的评估工作。

(2)有利于合理地补充当前地方政府部分考核指标,推动营商环境优化政策的落地与持续改进

如果该项评估工作得到浙江省各级党委、政府的大力支持,并在未来逐步纳入"清廉浙江"等系统建设工程中,则可以从侧面对其发挥一定的支撑作用,进而将该评估结果纳入地方政府部分考核指标中,实施动态评价。 如此,一方面有助于浙江省推动营商环境优化的落地与持续改进;另一方面有助于保障评估工作排除干扰,从而更加长期有序地推进下去。

(3)有利于准确地提供当前民营企业投资布局"地图",做好服务民营经济发展和做强做优

营商环境早已成为企业,特别是民营企业投资布局的重要考虑因素。 长期的新型政商关系评估,可以反映出较为稳定可靠的地方营商环境状况,为民营企业提供一张科学的投资布局"地图"。 其一方面助力企业进行更加优化合理的投资布局;另一方面为各地区的招商引资工作提供便利条件和努力方向,更好地为民营经济发展和做强做优服务。

(4)有利于科学地构建浙江省新型政商关系的实证研究平台,提升当前浙江省新型政商关系的研究水平

长期系统的浙江省新型政商关系评估工作,将积累起丰富的研究数据资源和相关数据库,为浙江省新型政商关系研究提供重要的实证研究支撑平台。 比如浙江工商大学浙商研究院正在承担的教育部重大攻关课题"新型政商关系研究",已经衍生出多个政商关系方面的国家级、省部级重要研究项目,在评估工作中获取的数据资源的支持下,将会涌现出更多、更优秀的研究成果,促进当前浙江省新型政商关系研究水平的提升。

2

新型政商关系"亲清"指数指标体系构建

2.1 指标体系及说明

2.1.1 指标体系

政商关系的测度是一个复杂的系统工程，而评价指标体系的构建是完成整个工程的基础。在实际运用中，多数评价指标的数据往往难以获得，决策者陷入指标体系是否科学完整与实证分析是否可行的两难境地。因此，本部分首先着眼于浙江省，参考国内外已有研究，并通过专家咨询等形式，构建浙江省政商亲清关系的测度指标体系。浙江省政商亲清关系分为政商清白关系和政商亲近关系2个子系统。政商清白关系将从政府廉洁度、政府透明度、政府清廉感知度3个方面来测度，而政商亲近关系将从政府对企业的服务、政府对企业的支持、民营企业活跃度、政府亲近感知度4个方面来测度。具体的二级指标和三级指标如表2-1、表2-2所示。需要说明的是，为进一步提高指标体系的合理性，本书增加了专业人士对定量指标的评判，同时在民营企业活跃度的衡量指标方面增加了新增企业增长率指标。

表 2-1　浙江省新型政商关系评估指标体系("亲清"指数)——"亲近"指数

一级指标 （权重）	二级指标 （权重）	三级指标	数据来源
A:政府对企业的服务 (0.3)	服务完备与准确度 (0.5)	服务方式完备度	浙江省大数据发展管理局
		服务事项覆盖度	
		办事指南准确度	
	服务成熟与成效度 (0.5)	在线服务成熟度	
		在线服务成效度	
B:政府对企业的支持 (0.4)	基础环境 (0.25)	单位生产总值财政支出	中国城市统计年鉴
		商业机构信用意识得分	信用中国
		个人信用意识得分	信用中国
	金融环境 (0.4)	年末存贷款余额/生产总值	中国城市统计年鉴
		私募基金公司数量/生产总值	同花顺数据库
		上市公司数量/规模以上工业企业数量	同花顺数据库
	税赋环境 (0.35)	本年应交增值税/工业总产值	中国城市统计年鉴
		研发费加计扣除率	浙江省统计年鉴
		高企减税度	浙江省统计年鉴
C:民营企业活跃度 (0.2)	民营企业活跃度 (1)	创业活跃度	浙商研究院调查数据
		专业人士对企业活跃度的感知	浙商研究院调查数据
		新增企业增长率	浙江省市场监督管理局
D:政府亲近感知度 (0.1)	对亲近的感知度 (1)	创业者对亲近的感知度	浙商研究院调查数据
		专业人士对亲近的感知度	浙商研究院调查数据

表 2-2　浙江省新型政商关系评估指标体系("亲清"指数)——"清白"指数

一级指标 （权重）	二级指标 （权重）	三级指标	数据来源
A:政府廉洁度 (0.5)	干部清正 (1)	机关事业单位每万人被查处官员及违纪违规数量	中央、省、市纪委监委官方网站
B:政府透明度 (0.3)	信息公开 (0.5)	信息依申请办结情况	政府信息公开年报
	财政透明 (0.5)	财政透明度	清华研究报告
C:政府廉洁感知度 (0.2)	对廉洁的感知度 (1)	创业者对廉洁的感知度	浙商研究院调查数据
		专业人士对廉洁的感知度	专家调查

2.1.2 指标说明

(1)"亲近"指数

①政府对企业的服务

在一级指标"政府对企业的服务"之下，设置两项二级指标，分别是"服务完备与准确度"和"服务成熟与成效度"。服务完备与准确度指的是政府对企业的服务事项的覆盖情况和办事事项的准确度情况，主要从服务方式完备度、服务事项覆盖度、办事指南准确度 3 方面来进行评估。服务成熟与成效指的是政府针对企业的办事事项流程的完整和办事的效率情况，主要从在线服务成熟度、在线服务成效度 2 个方面进行评估。我们利用浙江省大数据发展管理局的数据来测度浙江省各地市的信息公开情况。

服务方式完备度主要评估的是区市网站相关栏目网站和浙江政务服务网设区市主页是否在保障数据源唯一的原则下同源发布服务信息，浙江政务服务网设区市主页与设区市门户网站的融合度及各区市移动应用于浙江政务服务网 App 的对接整合情况。服务方式完备度评价指标主要从服务平台规划设计和多渠道服务两方面来衡量，主要衡量指标是服务数据同源性、服务入口和移动端应用服务情况。

服务事项覆盖度评估的是事项清单公布情况和办事指南发布情况，包括主要以《国务院关于取消一批行政许可事项的决定》（国发〔2017〕46 号）为基准，测评相关设区市被国务院取消的前述审批事项是否在其设区市网站、浙江政务服务网同步取消；评估纳入行政权力清单的行政权力事项（9＋X）办事指南发布情况；评估公共服务事项指南发布情况。

办事指南准确度从办事的基本信息、申请材料、办理流程、表格及样表下载、收费信息、服务可用性及信息准备性 7 个方面来评价。在基本信息方面，主要评估的是是否明确标注了所属事项的相关信息，包括事项类型、办理对象、法定期限、办理地点、受理的时间周期、监督电话及办理依据的法律法规等。在申请材料方面，主要评估的是是否明确注明了办理该事项所需材料的名称、数量、来源等，包括受理所需的材料名称且材料名称不存在有歧义的描述，所需材料的来源、数量及介质要求。 在办理流程方面，主要评估的是流程环节的完备性、内容真实性、到办事现场的次数等。 在表格及样表下载方面，主要评估的是是否有提供空表和样表下载及表格的准确性。 在收费信息方面，主要评估的是是否明确标注所需费用、收费标准及相关的收费依据。在服务可用性方面，主要评估的是服务网站中是否存在无法下载的附件地址、无法显示的流程图等，以及网上办事链接的可用性等。 在信息准备性方面，主要评估的是在政府服务网发布的信息中是否存在错别字。

在线服务成熟度从在线办理程度、在线服务关键保障技术成熟度、共享应用情况、基础设施整合、政务钉钉系统实施情况、行政处罚运行系统使用及处罚结果公开、基层治理"四个平台"信息化建设情况 7 个方面来评价。 在在线办理程度方面，主要评估的是实现四星、五星办事事项的情况和实现"最多跑一次"事项的数量。 在在线服务关键保障技术成熟度方面，主要评估的是网站单点登录情况、电子签章系统应用情况、"最多跑一次"事项相关行政许可事项的文件材料电子化归档情况。 在共享应用情况方面，主要评估的是各区市依托省公共数据共享平台，为"最多跑一次"改革数据共享而调用其他单位数据的总量及减少"最多跑一次"办事事项所需材料的情况。 在基础设施整合方面，主要评估的是各地区电子政务云平台建设与应用情况，视联网建设规模及使用情况，本级专网迁移计划的合理性，本级互联网出口整合计划的合理性。 在政务钉钉系统实施情况方面，主要评估的是是否按照《浙江省人民政府办公厅关于开展政务移动办公系统建设的通知》（浙政办发函〔2017〕20 号）要求完成合同签订、项目验收，以及各市区注册政务钉钉的人数、激活率和活跃率。 在行政处罚运行系统使用及处罚结果公开方面，主要评估的是处罚事项三级目录情况、事项梳理完成的情况、处罚裁量梳理的情况、处罚事项的办件情况及处罚结果的公开情况。 在基层治理"四个平台"信息化建设情况方面，主要评估的是基层治理信息系统和省业务协同平台集成对接情况，包括是否完成统一用户、统一业务协同、统一 App 入驻等信息，网格工作人员对辖区内事件掌握情况、对辖区事件解决是否及时情况、对辖区内人口、组织机构等动态基础数据的采集情况，以及成功注册绑定政务服务网公务账号的用户总数。

在线服务成效度，评估的是便民利企情况、网办效率与质量、服务延伸情况、服务访问与满意度、内部监察与考核情况、外部投诉与答复情况。便民利企情况评估的是围绕便民利企开展的创新实践情况，各部门行政许可事项承诺时限在法定时限基础上的压缩比例，省本级行政许可事项即办件的数量占事项总数的比例等；网办效率与质量评估的是各部门行政许可事项可以实现在线办理的比例，各部门在政务服务网中受理的行政许可事项数量，在网上办件过程中数据异常的办事事项数占比等；服务延伸情况评估的是实现网上支付和快递送达的情况；服务访问与满意度评估的是政务服务网页的浏览量、访问用户数情况，部门在政务服务网中应用点击情况，办件参评用户的满意度等；内部监察与考核情况评估的是通过电子监察手段对办件时效、流程合规性等进行内部监督监察的情况，与政务服务工作相关的被国家及省里通报的次数等；外部投诉与答复情况评估的是网上咨询、投诉答复、纠错答复情况。

②政府对企业的支持

政府支持是政府部门为了宏观经济发展或者实现经济调控目标而制定的各项政策法规及资源补贴的总称。政府支持是企业外部最复杂、最重要的影响因素。政府支持主要包括技术创新政策、"放管服"改革、金融政策、税收优惠、财政补贴、政府采购、知识产权保护、科技项目规划、创新环境等（赵岩，2018）。Manuel（2002）提出，政府支持将成为企业经营发展的"重要武器"，企业可利用政府为其创造的有利环境更好地发展。政府对企业的支持力是新型政商关系"亲近"层面的一个重要维度。聂辉华（2018）认为，在政府对企业的"亲近"层面，应当主要关注政府的亲商政策，这主要反映了李克强总理指出的"要以简政减税减费为重点进一步优化营商环境"。我们重点关注3个一级指标，分别是基础环境、金融环境和税赋环境。

基础环境指标衡量政府财政支出对地区经济的贡献及地区社会信用建设情况，主要从单位生产总值财政支出、商业机构信用意识得分和个人信用意识得分3个方面衡量。单位生产总值财政支出是基础环境的首要指标。经济学瓦格纳定律是指随着经济的进步和增长，公共开支的份额会随之增大，而且公共开支增长幅度要大于经济增长幅度。地方政府财政支出对于经济的贡献，既衡量了当地实体经济发展成果，也是政府主导的支持企业发展的一个体现。 商业机构信用意识得分和个人信用意识得分可以较全面地反映出该地区社会信用建设情况。

金融环境指标衡量地区金融发展水平。 现实中，由于民间资本固有的缺陷，银行对其贷款存在抵押担保难、跟踪监督难和债权维护难等问题，融资困难始终是困扰我国民间资本发展的一个重要问题。 政府可以通过金融机构拓宽民间资本融资渠道，为民间投资创造公平的融资环境。 金融环境分为间接融资、直接融资和民间资本3个维度，其中间接融资使用年末存贷款余额/生产总值指标衡量。 目前，我国企业的外部融资主要依赖信贷支持等间接融资方式，而政府支持是国家战略的风向标，可提升企业的外在形象，提高企业在金融机构的评分层级，是降低贷款难度、克服资金瓶颈的有效手段（李笑等，2019）。 直接融资使用直接融资水平指数衡量。 民间资本则使用私募基金公司数量/生产总值指标衡量。

税赋环境指标衡量地区企业税收负担水平及政府对高新企业的减免税支持情况。 自在全国范围内全面推开营业税改征增值税试点后，增值税将在企业的总税赋中占到更大的比例。 降低流转税负是提升小微企业市场竞争力的有效方法，可以使其产品较同类产品具有更低的销售价格；同时，其将减少对小微企业经营性资金的占用，降低小微企业的融资需求（汪笛晚，2017）。 增值税是流转税的一种，我们认为本年应交增值税/工业总产值指标可以反映一个地区工业企业主要的税赋情况，而高新技术企业所得税减免额/利润总额指标则能较精确地测度政府对高新企业的减免税支持程度。 此外，税收政策对中小企业自主创新的促进主要通过税收激励来体现。 税收激励也称为税收优惠，是指税法中规定的给予某些活动以优惠待遇的条款。 税收优惠从本质上讲是政府放弃了一部分税收收入，将其让渡给纳税人。 如果让渡的这部分税收收入体现在企业自主创新活动的结果中，它必然会增加自主创新活动带来的收益（张源，2010）。 研发费加计扣除率指标也可以体现政府对企业创新和研发活动的减免税支持情况。

③民营企业活跃度

在二级指标民营企业活跃度之下，设置3项三级指标，即创业活跃度、专业人士对企业活跃度的感知度和新增企业增长率（后两项为新增指标）。 其中，民营企业活跃度指标使用浙商研究院《浙江创业观察》调查数据来测度，采用分层随机抽样方式，根据人口数量、经济发展水平对浙江省 11 个地市进行分层分类，随机抽样获得 1860 个有效样本，其中创业者人数为 982 人，占总样本人数的 52.8%。 专业人士对企业活跃度的感知度指标采用对资深营商环境研究专家的问卷调查，按照"不活跃""稍微活跃""一般""较为活跃""十分活跃"设置 5 档对 11 个地市进行评价，再转化为百分制。 新增企业增长率指标，指的是 2019 年新设企业同比增速，用以测度营商环境对新设企业的影响。

④政府亲近感知度

政府亲近感知度是"亲清"指数的重要组成部分，细分为创业者对亲近的感知度和专业人士对亲近的感知度 2 个三级指标。 对亲近的感知度的计算方法为：对亲近的感知度＝［1－各选项人数总和/（被调查人数×8）］×100%。

(2)"清白"指数

①政府廉洁度

习近平总书记曾用"干部清正、政府清廉、政治清明"来形容科学有效的腐败防治体系。 在论述"亲清"政商关系中，他进一步讲到，所谓"清"，就是官员同民营企业家的关系要清白、纯洁，不能有贪心、私心，不能以权谋私，不能搞权钱交易。 干部清正，无疑是构建新型政商关系的核心。 在我们的指标设计中，以一个地区被中央、省、市纪检监察部门通报的违纪违法官员数占该地区机关和事业单位就业人员数的比例来测评该地区的干部清正程度。

政府廉洁度是"清白"指数的重要组成。 我们以干部清正这一二级指标为观测维度，在二级指标下设置三级指标机关事业单位每万人被查处官员及违纪违规数量来进行衡量。 该项指标中三级指标的数据主要通过检索中央纪委国家监委、浙江省纪委省监委、11 个地级市纪委市监委官方网站上"审查调查""纪律审查""曝光台"等栏目进行统计分析。

需要说明的是，一个地区官员被查处的数量反映的是一个地区的反腐败程度还是政府廉洁程度,可能会存在不同的观点。 从不同的维度来观测,它既是一个腐败指标,也是一个反腐败指标。 在本评估中,课题组认为,这个指标能够从一个维度反映政府廉洁度,进而反映一个地区政商关系的"清白"程度。

第一,用被查处官员比例来衡量廉洁程度,其客观性的前提是,各地区在反腐败力度方面不存在系统性差异;而理论上,所评测的行政区域范围越小,地区差异就越不明显。 本评估集中在浙江省域范围内,在省委、省纪委监委的统一部署下,各地市纪委监委在反腐败常态工作和专项工作方面均开展了行之有效的行动,尽管地区间差异仍然存在,但相对形成了力度较为均衡、尺度较为统一的反腐败工作态势。

第二,廉洁程度和反腐败力度并不是不相兼容的,但是,一个地区被查处的官员数量越多,必然不能得出该地区廉洁程度越高这一结论。

②政府透明度

政府透明度指标是依据清华大学公共管理学院发布的《2018 年中国市级政府财政透明度研究报告》及浙江省各地市政府办公室发布的《2018 年政府信息公开工作年度报告》,从政府信息公开和财政透明 2 个角度来说明的。

③政府廉洁感知度

政府清廉感知度指标是"清白"指数的重要组成部分。 2016 年 3 月 4 日,习近平总书记提出,新型政商关系,概括起来说就是"亲""清"两个字。 "亲"则两利,"清"则相安。 因此,本书在一级指标政府廉洁感知度之下,设置 2 项三级指标,即创业者对廉洁的感知度和专业人士对廉洁的感知度(此为新增指标)。 关于前者,我们使用浙商研究院的调查数据,来对各市创业者对于政府廉洁的感知度进行评估;该调研以地市为单位,获取1860 份样本,按浙江 11 市人口比例取得创业者样本 982 份,占总样本人数的52.8%。 关于后者,我们采用资深营商环境研究专家的问卷调查,按照"不廉洁""稍微廉洁""一般""较为廉洁""十分廉洁"设置 5 档,对浙江省 11 个地市进行评价,再转化为百分制。

2.2　指标计算方法与过程

本部分采用最基本也最直观、最能够体现综合评价"主观认识"属性的评价模型——效用函数平均法进行分析。 这种方法不仅能分别分析不同地区的新型政商亲清关系的不同层面的情况，还能综合分析新型政商亲清关系的总体情况。 具体操作步骤为：

第一，将每一个指标按一定的形式转化为"评价当量值"；

第二，采用一定的统计合成模型计算总评价值。

用公式表达为：

假设记第 i 个地区（共 n 个地区）第 j 个评价子系统（共 m 个子系统，本报告中 $m = 6$）的第 k 个指标（共 p 项指标）的实际值为 y_{ijk}，也为基础指标值。用 i，j，k 分别表示地区、评价子系统和指标项数（$i = 1$，2，$\cdots$，n；$j = 1$，2，$\cdots$，m；$k = 1$，2，$\cdots$，p_j）；

子系统内各指标权重为 w_{jk}，且 $\sum\limits_{k=1}^{p_j} w_{jk} = 1$；各子系统之间的权重分配为 w_{0k}，且 $\sum\limits_{j=1}^{m} w_{0k} = 1$；

$f_{jk}(j = 1$，2，$\cdots$，m；$k = 1$，2，$\cdots$，$p_j)$ 为单项指标无量纲化函数（效用函数或当量函数）。φ_j 为第 j 个子系统内部的合成模型，φ_0 为总目标合成模型。

第一，计算无量纲化值 $z_{ijk} = f_{jk}(y_{ijk})$；

第二，计算各系统内部的合成值 $z_{ij} = \varphi_j(z_{ijk}, w_{jk})$；

第三，计算总系统的合成值 $z_i = \varphi_0(z_{ij}, w_{0j})$。

其中，$z_i = \varphi_0\{\varphi_j[f_{jk}(y_{ijk}), w_{jk}], w_{0j}\}(i = 1$，$2$，$\cdots$，$n$；$j = 1$，$2$，$\cdots$，$m$；$k = 1$，$2$，$\cdots$，$p_j)$。

以上为基于分层组合评价思想的一种效用函数平均法评价模型。 该模型涉及3 个关键因素的确定，决定了最后的评价结论。 这 3 个关键因素分别为：单项指标无量纲法 $f_{jk}(j = 1$，2，$\cdots$，m；$k = 1$，2，$\cdots$，$p_j)$、每项指标及子系统的权重分配

$w_{jk}(j = 0, 1, \cdots, m; k = 1, 2, \cdots, p_j)$、加权合成模型 $\varphi_j(j = 0, 1, 2, \cdots, m)$。

2.2.1　指标数据无量纲化方法

指标同度量化就是将每一个评价指标按照一定的方法量化，消除因为单位不同而导致的数值变化，成为对评价问题测量的一个量化值，即效用函数值。

从理论上说，可作为同度量化的具体方法有综合指数法、均值化法、标准化法、比重法、初值化法、功效系数法、极差变化法等。一般来说，只要单项指标的取值区间与取值点的物理含义明确，综合评价的结果就是比较好理解和解释的。在众多方法中，综合指数法不仅简单，而且含义更直观，意含绝对目标的相对实现程度。同时，方法的复杂度与评价结论的合理度并无必然关系。因此，本部分将采用综合指数法对指标进行同度量化，其一般计算公式为

$$z_{ijk} = 100 \times y_{ijk} / y_{jkB} \tag{2-1}$$

其中，z_{ijk} 为第 i 个单位 j 子系统 k 指标的单项评价分数；y_{ijk}，y_{jkB} 分别为该 k 指标的实际值与标准值。当实际值等于标准值时，单项指数等于 100；当实际值优于标准值时，单项指数大于 100；当实际值劣于标准值时，单项指数小于 100。对于适度指标，则先通过单向化处理再用上述公式做无量纲化，或采取分段函数做无量纲化处理。

根据综合指数法同度量化的计算公式发现，确定标准值是该方法的关键。实际中常用的标准值有最大值、最小值、算术平均值、变量总值、初值、环比速率、历史标准值或经验标准值等。由于本部分涉及的指标数据来自 2018 年的调查数据，还未进行调查更新，而实际又需要固定标准值，本部分将标准值设为各变量的平均值、发展目标值或是最优值等。

2.2.2　权重确定

在整个评价指标体系中，各个指标的作用和重要性都是不同的，因此需要设定权重来反映各指标的相对作用和重要性。目前，统计领域中存在多种确定权数方法，有主观和客观权重确定方法之分。主观权重确定方法中比较科学的方法是基于专家系统的 AHP（Analytic Hierarchy Process）构权法，

即专家 AHP 法。

AHP 构权法即层次分析法，它把一个复杂决策问题表示为有序的递阶层次结构，通过人们的比较判断，计算各种决策方案在不同准则及总准则之下的相对重要性量度，从而对决策方案的优劣进行排序。 其在构造统计权数方面应用十分广泛，是比较有效的构权方法之一。 AHP 构权法构权过程如下：

第一，选 m 位专家组成员，要求各成员对商贸流通领域比较熟悉且能够理解 AHP 构权法的操作思路，能够较为准确地判断综合评价过程中不同指标之间重要性的差异。

第二，由 AHP 构权法构造各子系统下各指标重要性两两比较的比例判断矩阵。 对于某一个有 p 项指标的子系统，第 k 个专家所给出的 AHP 比例判断矩阵记为 $A(k)$，即

$$
A(k) = \begin{array}{c} \quad I_1 \qquad I_2 \qquad \cdots \qquad I_p \qquad \text{指标} \\ \begin{bmatrix} a_{11(k)} & a_{12(k)} & \cdots & a_{1p(k)} \\ a_{21(k)} & a_{22(k)} & \cdots & a_{2p(k)} \\ \cdots & \cdots & \cdots & \cdots \\ a_{p1(k)} & a_{p2(k)} & \cdots & a_{pp(k)} \end{bmatrix} \begin{array}{c} I_1 \\ I_2 \\ \cdots \\ I_p \end{array} \end{array} \quad k = 1, 2, \cdots, m \qquad (2\text{-}2)
$$

第三，计算平均合成矩阵 $\overline{A} = (\overline{a_{ij}})_{p \times p}$，式中 $\overline{a_{ij}} = \dfrac{1}{m} \sum\limits_{k=1}^{p} a_{ij(k)}$（$i, j = 1, 2, \cdots, p$）。

第四，计算基于平均矩阵的重要性权向量：$w = (w_1 \quad w_2 \quad \cdots \quad w_p)^{\mathrm{T}}$，$w$ 的计算方法很多，在判断一致性较高的情况下，不同方法之间差异极小。本部分采取了"行和法"确定权向量，即 $w = \sum\limits_{j=1}^{p} \overline{a_{ij}} / \sum\limits_{h=1}^{p} \sum\limits_{j=1}^{p} \overline{a_{hj}}$。

第五，计算一致性比率 CR，对判断矩阵的一致性进行检验，判断专家权重的合理性。

$$
CR = \frac{CI}{RI} \qquad (2\text{-}3)
$$

$$
CI = \frac{\lambda_{\max} - p}{p - 1} \qquad (2\text{-}4)
$$

$$
\lambda_{\max} = \frac{1}{p} \sum_{i=1}^{p} \frac{(\overline{A}w)_i}{w_i} \qquad (2\text{-}5)
$$

$$\overline{A}w = \begin{bmatrix} \overline{a_{11}} & \overline{a_{12}} & \cdots & \overline{a_{1p}} \\ \overline{a_{21}} & \overline{a_{22}} & \cdots & \overline{a_{2p}} \\ \cdots & \cdots & \cdots & \cdots \\ \overline{a_{p1}} & \overline{a_{p2}} & \cdots & \overline{a_{pp}} \end{bmatrix} \begin{bmatrix} w_1 \\ w_2 \\ \cdots \\ w_p \end{bmatrix} \tag{2-6}$$

其中，CI 为一致性指标，RI 为随机一致性，可查表获得。当 $CR \leqslant 10\%$ 时，即认为判断是一致的，所构权向量是合格的。通过多轮专家的咨询，在 AHP 比例判断矩阵的基础上进行平均，最后导出权值体系，可知所有 CR 均是符合要求的。

2.2.3 新型政商关系"亲清"指数合成方法

加权合成模型为 $\varphi_j(j = 0, 1, 2, \cdots, m)$（0 表示总合成模型，其余为子系统内部合成模型）。考虑到实际评价工作的现实可操作性与可直观理解性，以及所选指标的特点，本部分决定采用普通加权算术合成方式进行合成，其表达式为：

$$z_{ij} = \sum_{k=1}^{pj} (z_{ijk} \times w_{jk}) / \sum_{k=1}^{pj} w_{jk} \quad (i = 1, 2, \cdots, n; j = 1, 2, \cdots, m) \tag{2-7}$$

2.3 总体指数排名

本部分利用上文所述的综合评价方法对浙江省 11 个地区的新型政商关系的"亲清"指数的各个构成指标进行测算，具体测算结果及排名如表 2-3 至表 2-5 所示。同时，本部分将进一步对这 11 个地区的政府与企业的亲清关系进行综合评价分析：一方面总体分析各地区政府与企业的亲清关系程度情况；另一方面具体分析各地区影响亲清关系的指标情况。

表 2-3　浙江省 11 个地区的新型政商关系"亲清"指数计算结果及排名

地区	"亲清"指数	排名
杭州	89.24	1
宁波	86.91	2
温州	80.77	9

续　表

地区	"亲清"指数	排名
嘉兴	86.36	3
湖州	79.68	10
绍兴	83.25	5
金华	81.32	6
衢州	78.24	11
舟山	86.23	4
台州	81.09	7
丽水	81.06	8

表 2-4　浙江省 11 个地区的新型政商关系"亲近"指数计算结果及排名

地区	"亲近"指数	排名
杭州	88.3	1
宁波	81.0	5
温州	81.5	3
嘉兴	77.8	9
湖州	79.8	7
绍兴	76.8	10
金华	81.3	4
衢州	79.6	8
舟山	81.6	2
台州	79.9	6
丽水	76.5	11

表 2-5　浙江省 11 个地区的新型政商关系"清白"指数计算结果及排名

地区	"清白"指数	排名
杭州	90.2	4
宁波	92.8	2
温州	80.0	9
嘉兴	95.0	1
湖州	79.6	10
绍兴	89.7	5
金华	81.3	8
衢州	76.9	11
舟山	90.8	3
台州	82.3	7
丽水	85.7	6

3

浙江省新型政商关系的"亲近"指数

3.1 浙江省新型政商关系服务力分析

3.1.1 浙江省政府服务力评估结果分析

(1)浙江省政府对企业的服务指标的总体评估分析

根据 2019 年数据的测算结果，浙江省政府对企业的服务力水平有所提高，省政府对企业的服务指标平均值为 87.71，较 2018 年提高 2.71%。全省地区之间政府对企业服务指标值的差距有所缩小，变异系数为 0.05，较 2018 年减小 0.01。在浙江省 11 个地市中，政府对企业的服务指标值在 90 以上的城市有 3 个，分别是衢州、杭州和温州，处于第一梯队；将近一半地区的政府对企业的服务指标值在 85 至 90 之间，所占比例为 45.45%，分别是舟山、嘉兴、丽水、湖州、金华，处于第二梯队；政府对企业的服务指标值在 85 以下的是宁波、台州和绍兴，处于第三梯队。从 11 个地区的排名结果来看，排名前三位的是衢州、杭州和温州，其政府对企业的服务指标值分别为 93.82，92.87 和 90.84。与 2018 年相比，全省各地区政府对企业的服务指标的排名顺序变化较大，只有衢州和杭州保持在前列，而温州冲进了前三名，嘉兴排名保持不变，其余各地区的排名都发生了变化。 具体见图 3-1。

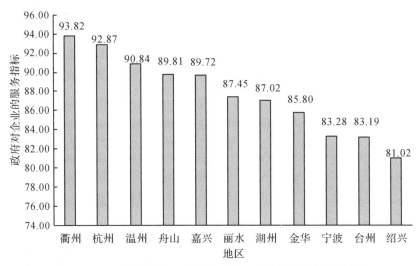

图 3-1　2019 年浙江省 11 个地区政府对企业的服务指标值情况

整体来讲，2019 年全省各地区政府对企业的服务水平进一步提高，表明全省各地区政府都在积极地推行国家的政策方针，加快深入推进政务服务，大力改善企业的营商环境，为企业提供更高效率的服务。 杭州、衢州已经取得较为满意的结果，并维持在较高水平；温州大力推行"两个健康"的方针政策，其政府对企业的服务水平大大提高。 同时，金华地区及其他地区仍需进一步做出改善，以提高政府对企业的服务水平。

（2）二级指标分析

政府对企业的服务指标包含服务完备与准确度和服务成熟与成效度 2 个二级指标。 从计算结果来看，2019 年，浙江省各地区政府对企业的服务完备与准确度的平均值为 86.69，较 2018 年提高 1.51%；离散系数为 0.06，较 2018 年增加 0.01。 全省各地区政府对企业的服务成熟与成效度指标的平均值为 88.74，相比 2018 年增长 3.79%；离散系数为 0.07，较 2018 年下降 0.03。 由此可知，在政府对企业的服务水平方面，全省服务成熟与成效度水平略高于服务完备与准确度水平，但其地区差距度也偏高，这表明全省 11 个地区政府对于企业在服务成熟与成效度方面存在较大差距。 同时，全省的服务完备与准确度指标和服务成熟与成效度指标的值较 2018 年均有所提高，表明全省各地区政府都在努力提高对企业的服务水平和服务效率，并获得了一定的改善。下面将对政府对企业的服务指标下的 2 个二级指标进行具体分析。

①服务完备与准确度

在服务完备与准确度方面，2019 年浙江省 11 个地区政府的指标平均值为 86.69，较 2018 年提高 1.53%；离散系数为 0.06，较 2018 年增加 0.01，反映整体水平有所提高，但地区差距有所加大。根据全省各地区的计算结果可以发现，除了绍兴的服务完备与准确度指标值在 80 以下，其他地区均在 80 以上，占比达 90.91%。同时，有 3 个城市的服务完备与准确度在 90 以上，分别是杭州、温州和衢州，其指数分别为 95.01、92.98 和 92.68，相比 2018 年，前三名中增加了温州市，且温州地区在全省排名第二。另外，杭州从 2018 年的第三名上升至 2019 年的第一名，其服务完备与准确度指标值提升 8.96%。2019 年，全省各地区的服务完备与准确度指标值的具体情况如图 3-2 所示。由此可知，浙江省的服务完备与准确度总体水平较高，但地区之间还存在一定的差距，衢州和杭州处于全省领先地位，而绍兴、湖州和金华则处于排名靠后位置，需要进一步提高政府对企业的服务完备与准确度。

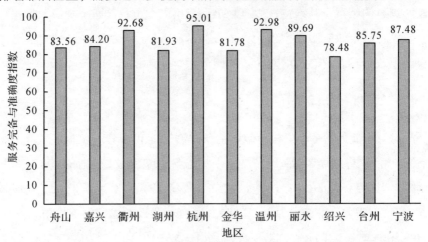

图 3-2　2019 年浙江省 11 个地区政府对企业的服务完备与准确度指标值情况

服务完备与准确度指标主要由服务方式完备度、服务事项覆盖度和办事指南准确度 3 个指标构成。因此，本章将进一步分析全省 11 个地区在服务方式完备度、服务事项覆盖度和办事指南准确度方面的情况。从指标值来看，浙江省 11 个地区的服务方式完备度指标平均值为 85.09，较 2018 年提高 1.60％，变异系数为 0.17；服务事项覆盖度指标平均值为 82.38，较 2018 年降低了 3.42％，变异系数为 0.10；办事指南准确度指标平均值为 87.47，较 2018 年提高了 7.72％，变异系数为 0.07。 通过对比这 3 个指标值可知，总体来讲，浙江全省政府对企业的办事指南准确度水平最高，其次是服务方式完备度。 同时，全省服务方式完备度和办事指南准确度指标值较 2018 年均有所提高，且办事指南准确度水平上升幅度最大。 在各地区之间，差距最大的是服务方式完备度指标，其次是服务事项覆盖度指标。

在服务方式完备度方面，浙江省 11 个地区中，2019 年指标值在 90 以上的城市有 5 个，占比 45.45％，较 2018 年提高了 18.15 个百分点；在 80—90 之间的城市有 4 个，占比 36.36％；在 50—70 之间的城市有 2 个，占比 18.18％。 其中，服务方式完备度指标值最高的地区是宁波，为 100.00；第二、第三名分别是衢州和温州，其值分别为 97.86 和 96.50，可以看出，这 3 个地区的政府对企业的服务方式相对其他地区较为完备。 排名靠后的是舟山和绍兴，其服务方式完备度指标值分别为 60.21 和 57.25，表明这 2 个地区政府对企业的服务方式的完备度不足。 嘉兴、湖州、金华和丽水的服务方式完备度均在 80－90 之间，处于中间水平。 具体如图 3-3 所示。 由此可知，浙江省 11 个地区的服务方式完备度水平在地区之间存在较大差距，宁波、衢州和温州的服务方式完备度水平较高，而舟山和绍兴需要大力提高自身的服务方式完备度。 与 2018 年相比，这一排名情况发生了较大的变化，尤其是温州和宁波的服务方式完备度指标值在其地方政府的努力下，冲到了全省前 3 名。

在服务事项覆盖度方面，2019 年，全省有 3 个地区的指标值在 90 以上，占比 27.27％，其中最高值为舟山的 95.04，第二和第三分别是丽水的 91.59 和绍兴的 90.34。 可以看出，这 3 个地区的政府对企业服务事项的覆盖度较为完整。 有 4 个地区的服务事项覆盖度指标值在 80—90 之间，占比 36.36％，分别是杭州、宁波、温州和湖州，其值分别为 88.43、84.57、81.34 和 81.20。 另有 4 个地区的服务事项覆盖度指标值在 80 以下，占比 36.36％，分别是衢州、台州、金华和嘉兴。 具体如图 3-4 所示。 由此可知，浙江省 11 个地区的服务事项覆盖度水平存在一定的差距，最高值超过了最低值36.65％，尤其是衢州、台

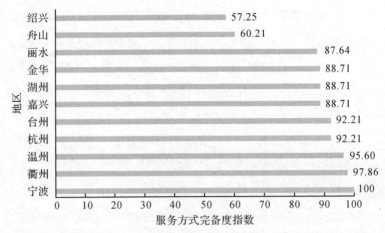

图 3-3 2019 年浙江省 11 个地区政府对企业的服务方式完备度指标值情况

州、金华和嘉兴,需要大力提高服务事项覆盖度,同时,其他各地区应进一步向
舟山、丽水和绍兴看齐。

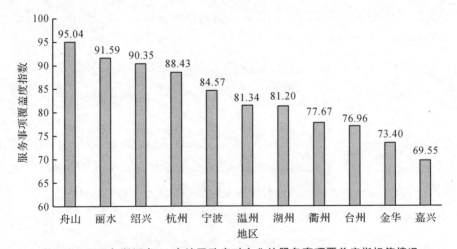

图 3-4 2019 年浙江省 11 个地区政府对企业的服务事项覆盖度指标值情况

在办事指南准确度方面,2019 年全省各地区的指标值均超过 80,相比
2018 年,多数地区的办事指南准确度指标值有所提高。 根据计算结果将 11
个地区划分为 3 个梯队,其中有 3 个地区的办事指南准确度指标值超过 90,
占比 27.27%,处于第一梯队,最大值为衢州的 93.35,第二、第三名分别是
杭州(92.72)和温州(92.45);有 5 个地区的办事指南准确度指标值在 85—
90 之间,占比 45.45%,处于第二梯队,分别为舟山、嘉兴、丽水、湖州、金

华；有 3 个地区的服务指南准确度指标值在 80—85 之间，占比 27.23％，处于第三梯队，分别是宁波、台州和绍兴。 具体如图 3-5 所示。 由此可以看出，与前两个指标相比，浙江省 11 个地区的办事指南准确度整体得分最高，且是从 2018 年的最低指标值提高至 2019 年的最高指标值，反映了各地区均在不断致力于提高政府的办事指南准确度以提高办事效率。

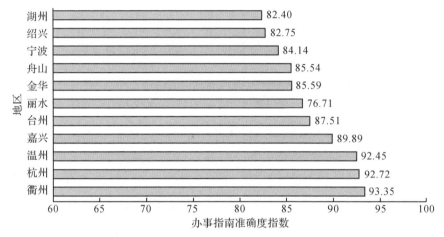

图 3-5　2019 年浙江省 11 个地区政府对企业的办事指南准确度指标值情况

②服务成熟与成效度

在服务成熟与成效度方面，2019 年，浙江省 11 个地区的指标平均值为 88.74，较 2018 年提高 3.79％，变异系数为 0.07，较 2018 年有所下降。 全省各地区中服务成熟与成效度指标值在 90 以上的有 5 个城市，较 2018 年增加了 1 个城市，占比 45.45％，处于第一梯队，分别是舟山、嘉兴、衢州、湖州和杭州，其值分别为 96.06、95.24、94.96、92.12 和 90.72。 可以看出，这 5 个地区的政府对企业的服务较为成熟且效率较高。 金华、温州、丽水、绍兴和台州这 5 个地区的服务成熟与成效度指标值均在 80—90 之间，占比 45.45％，处于第二梯队。 仅宁波一个地区的服务成熟与成效度指标值低于 80，处于第三梯队，表现较为不足。 具体如图 3-6 所示。 由此可知，浙江省的服务成熟与成效度在各地区间存在一定的差距，但差距较 2018 年有所缩小。 舟山、嘉兴等地领先于其他地区，而宁波则需进一步提高在线服务的成熟与成效度，加强互联网与政务的连接与融合。

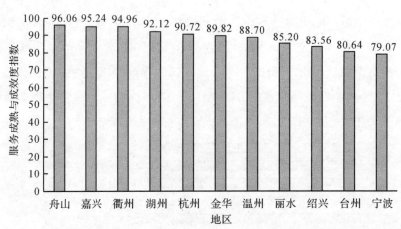

图 3-6　2019 年浙江省 11 个地区政府对企业的服务成熟与成效度指标值情况

　　服务成熟与成效度指标主要由在线服务成熟度和在线服务成效度两个指标构成。因此，本章将进一步分析全省 11 个地区在线服务成熟度和在线服务成效度方面的情况。根据计算，浙江省 11 个地区的在线服务成熟度指标平均值为 76.76，变异系数为 0.09；在线服务成效度指标平均值为73.36，变异系数为0.06。通过对比可知，浙江全省政府对企业的在线服务成熟度水平较高，但各地区之间的差距相对较大；在线服务成效度的水平较低，但各地区之间的差距相对较小。总的来说，全省的服务成熟与成效度水平较低。

　　在在线服务成熟度方面，全省没有一个地区的指标值超过 90。根据计算结果，将这 11 个城市分为 3 个梯队：指标值在 80 以上的地区有 3 个，占比 27.27％，分别为湖州、金华和衢州，其值分别为 83.43、83.28 和 81.76，处于第一梯队；指标值在 70—80 之间的地区有 6 个，分别是嘉兴、温州、杭州、丽水、舟山和宁波，处于第二梯队；其余地区则处于第三梯队。具体如图 3-7 所示。由此可知，浙江省 11 个地区的在线服务成熟度整体水平较低，且相比 2018 年有所下降，因此各地区的在线办理成熟度还需进一步提高，尤其是绍兴和台州，更应加强成熟度建设，以缩小与其他城市的差距。

　　在在线服务成效度方面，根据计算结果，可以将全省 11 个地区分为两个梯队，第一梯队的在线服务成效度指标值在 70—80 之间，有 8 个地区，占比 72.73％，排名前三的地区是舟山、绍兴和嘉兴，其在线服务成效度指数分别为 79.64、78.20 和 77.85；第二梯队的在线服务成效度指标值低于 70 的有 3

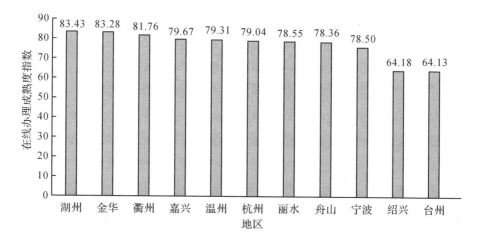

图 3-7　2019 年浙江省 11 个地区政府对企业的在线办理成熟度指标值情况

个地区，占比 27.27%，分别是金华、丽水和宁波，其在线服务成效度指数分别为 69.81、68.89 和 64.99。具体如图 3-8 所示。由此可知，浙江省 11 个地区的在线服务成效度处于较低水平，各地区间差距较小，因此各地区需重点提高政府对企业的在线服务成效度。

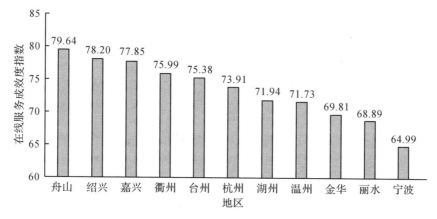

图 3-8　2019 年浙江省 11 个地区政府对企业的在线服务成效度指标值情况

　　总体来讲，在浙江省各地区政府对企业的各项服务指标中，相对较好的是办事指南准确度和服务方式完备度，而相对较差的是在线服务成熟度与在线服务成效度。在全省 11 个地区中，政府对企业的服务整体表现较好的有衢州、杭州和温州，但每个地区均有不同程度的不足，需进一步改善和提高。

3.1.2 基于评估的观察与建议

根据以上分析可知,2019 年,全省政府对企业的服务的总体水平有所提高,其二级指标中,政府对企业的服务成熟与成效度水平相对较高,改善幅度也相对较大。从地区来看,在 11 个城市中,杭州、衢州的政府对企业的服务表现突出,同 2018 年一样维持在全省前列,其各方面指标都体现出政府对企业有较高的服务能力。温州的政府服务改善十分显著,在全省位居前列。从二级指标来看,杭州、温州的服务完备与准确度指标值较高,而在服务成熟与成效度方面还存在一定的提升空间,有待进一步改善。另外,各地区评分差距较 2018 年有所缩小,但排名靠后的地区政府仍应进一步意识到政商关系维持中存在的问题并加以改进。

针对以上问题,为进一步促进服务成熟与成效度和服务完备与准确度的提升,提高政府的服务能力,同时进一步缩小各地区政府服务能力的差距,推动各地区协同发展,我们建议:

第一,进一步加强网上政务服务平台信息资源的集约统一,加强信息共享和业务协同。一方面,大力推动网上政务服务标准化,形成多地区多部门协同推动政务服务的协调机制,避免重复采集、一数多源等情况。另一方面,继续强化顶层设计和统筹协调,积极推进政务信息资源共享共用,推动政府信息资源开放和共享共用,促进对"互联网+政务服务"新思路和新模式的探索。

第二,建议进一步提升网上政务服务平台覆盖面和精细度,促进线上线下深度融合,整合多渠道服务,完善"互联网+政务服务"相关法规制度。以企业和群众对"互联网+政务服务"的需求为导向,深化服务能力,完善服务保障,全方位提升网上政务服务能力。

3.2 浙江省新型政商关系支持力分析

3.2.1 浙江省政府支持力评估结果分析

(1)浙江省支持指标总体评估分析

浙江省11个地市的政府对企业的支持指标值总体呈现4个层次:省会杭州为87.80,比第二名的舟山超出11,大幅领先其他地区,构成第一层次;舟山、宁波、衢州在73以上,构成第二层次;温州、台州、金华、湖州、嘉兴紧随其后,构成第三层次;绍兴和丽水相对较弱,构成第四层次(见图3-9)。

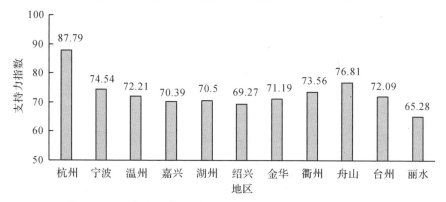

图 3-9　2019 年浙江省 11 个地区政府对企业的支持指标值情况

从地理位置来看,东部沿海城市中杭州、宁波、舟山的政府对企业的支持指标值较高,温州、台州次之,而位于浙江中部的城市(绍兴)、浙西南地区城市(丽水)的政府对企业的支持指标值最低。 原因在于东部沿海地区的经济比较发达,市场化程度较高,有助于营商环境的建设,而浙江中部和西南部的经济发展水平相对较低,说明这些地区在提升政府支持的基础环境、金融环境和税赋环境建设方面还有较大的提升空间。 另外,位于西南部的衢州政府对企业的支持指标值也相对较高,这说明衢州在营商环境的建设方面付出了很大的努力。 2018 年以来,衢州按照"审批事项最少、办事效率最高、投资环境最优、企业获得感最强"的要求,以列入全国首批营商环境试评价城市为契机,以"最多跑一次"改革为牵引,对标一流、主动引领、自我革命,全力打造中国营商环境最优城市。

从行政级别来看,城市行政级别与政府对企业的支持指标呈现正相关关系。城市级别越高,政府对企业的支持指标值越高。由上述数据可知,省会城市政府对企业的支持的整体水平高于省内其他城市,说明省会城市在推进改革的过程中有效地发挥了引领作用。级别越高的城市,政府行政权限越大,优惠政策越多,吸引人才越多,市场竞争越激烈,企业全要素生产率(Total Factor Productivity,TFP)也越高(江艇等,2018)。这些因素都有利于推动政府为企业提供更多的支持,从而促进企业更好的发展及区域经济水平的提高。

从经济水平来看,经济发展程度也与政府对企业的支持水平正相关,表现为经济发展水平越高的地区,政府对企业的支持指标值也越高。一个地方通过发展经济,可以改善营商环境;反过来,营商环境的改善,又推动了经济发展。所以,经济发展和营商环境在一定程度上是互为因果的。

(2)进一步分析与观察

①基础环境

首先分析单位生产总值财政支出。本部分利用《中国城市统计年鉴》等各类公开数据,对浙江省11个地市的政府支出占生产总值的百分比进行评价。从高到低,按10分到0分进行赋分。在本次评估中,2015—2018年,该项指标值最高的城市为丽水,最低的城市为绍兴。这说明丽水市政府支出占生产总值的比重较大,当地政府的财政支出对经济增长的贡献较为显著,而绍兴则相反。根据2018年绍兴和丽水的政府工作报告,绍兴2018年生产总值为5417.00亿元,在当年浙江省11个地市中居于第四位;丽水2018年生产总值仅为1394.67亿元,远低于绍兴,在浙江省11个地市的生产总值中排第十位。根据2018年绍兴和丽水的财政决算报告,当年绍兴一般公共决算支出为72.10亿元,丽水一般公共决算支出为55.29亿元,说明造成丽水与绍兴数据差异的原因主要是丽水的生产总值过低，从而导致其财政支出比重偏高（见图3-10）。

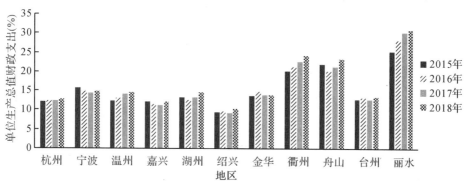

图 3-10　各地市单位生产总值财政支出情况

再来分析商业机构信用意识得分。本部分利用"信用中国"等公开数据，对浙江省11个地市的商业机构信用意识水平进行评价。鉴于"信用中国"2018 年的数据没有对外披露，我们在进行商业机构信用意识分析和个人信用意识分析时使用了 2017 年的相关数据。在本次评估中，2017 年该项数据得分最高的地市是杭州，且远高于其他地市，构成第一梯队。根据国家信息中心 2019 年发布的《中国城市信用蓝皮书》，杭州 2018 年城市信用水平为全国第七、浙江省第一。据此我们可以得出，杭州的城市信用水平具有一定的稳定性。宁波、温州、嘉兴、湖州、绍兴、金华、台州这 7 个地市的得分均为 4.8，略高于全省平均水平（4.79），构成第二梯队。衢州、舟山、丽水这 3 个地市的得分均为 4.7，在 11 个地市中处于最低水平，表明这 3 个地市在加强商业机构信用建设中存在一定不足，未来要进一步改善（见图3-11）。

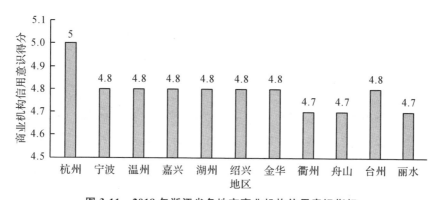

图 3-11　2018 年浙江省各地市商业机构信用意识指标

最后分析个人信用意识得分。本部分利用"信用中国"等公开数据,对浙江省11个地市的个人信用意识水平进行评价。在本次评估中,2017年该项数据得分最高的地市是杭州,与温州一起构成第一梯队。2017年,杭州积极推动个人诚信体系建设,通过加强个人诚信教育、广泛开展诚信宣传、推进个人诚信记录建设及完善个人守信激励和失信惩戒等措施,极大地提升了公众的信用意识。此外,宁波、湖州、金华这3个地市的得分均为4.5,略高于全省平均水平(4.46),构成第二梯队;嘉兴、绍兴、衢州、台州和丽水的得分均为4.4,构成第三梯队;舟山的得分为4.3,在11个地市中处于最低水平。以上数据表明舟山在加强个人信用意识宣传、推进信用体系建设等方面存在一定不足,未来需要进一步加强(见图3-12)。

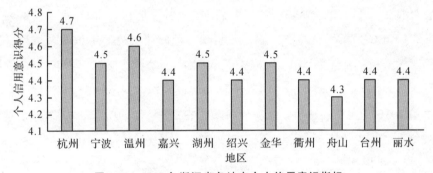

图3-12　2017年浙江省各地市个人信用意识指标

②金融环境

首先分析年末存贷款余额/生产总值这一指标。为加快全省金融产业发展,浙江省人民政府办公厅于2015年6月23日印发了《浙江省金融产业发展规划》,加强规划引导,适应经济发展新常态,顺应金融发展新趋势,切实采取有力举措加快发展浙江省金融产业,着力构建五大金融产业、四大金融平台、三大区域金融布局的"大金融"产业格局。存、贷款是金融市场组织为经济发展提供资金支持的最重要的来源和方式。一般认为,金融市场组织的基本功能就在于积聚存款、投放贷款,优化资金配置,积极调动各经济部门为区域经济发展做贡献。存款积聚不足即资本供给不足,是区域经济发展的基本障碍;而储蓄充足时,要促进经济发展,还须以储蓄能够充分有效地转化成投资为前提。存、贷款余额能反映金融环境对该地区企业资金持有量的影响。本部分数据来自《中国城市统计年鉴》的同名指标。评分从高到低,按10分到0分赋分。

2018年,浙江省11个城市中该项指标值最高的是杭州,而且杭州从2015年到2018年均为全省最高,这说明杭州市政府积极优化资金配置,积聚存款、投放贷款的能力较强,金融机构对区域经济发展的参与贡献较大(见图3-13)。该项指标值较低的地市为湖州、绍兴和衢州,但地市之间差别不大。

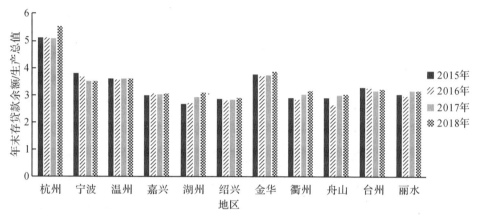

图 3-13　2015—2018 年浙江省各地市年末存贷款余额/生产总值

再来分析上市公司数量/规模以上工业企业数量这个指标。2013年,全国小微企业金融服务经验交流电视电话会议提出,要大力拓宽直接融资渠道,提高小微企业直接融资比重。在2017年的全国金融工作会议上,中央再次对提高直接融资比重做出了明确部署。这一信息传递出的积极信号表明,国家对扩大企业直接融资比重的政策坚定不移,企业未来的融资需求很大部分会从过度依赖银行间接融资逐步向直接融资转变,这既有利于企业改善融资结构、降低融资成本,也有利于银行优化信贷结构。因此,直接融资水平的高低可以直接反映当地政府对企业的金融支持力度。本报告数据来源于同花顺。评分标准是将各地市上市公司总市值与上市公司数量从高到低,按10分到0分赋分,再将所得分数分别按70%与30%的权重进行组合打分。

在本次评估中,2015—2018年,该项指标值较高的城市为杭州、宁波、绍兴,指标值较低的城市为舟山、丽水、衢州,其中舟山得分最低,原因在于该地区上市公司数量最少(只有1家,为金鹰股份),说明该市企业想要获得直接融资非常困难(见图3-14)。

最后来看私募基金公司数量/生产总值。为优化金融业态结构,提升直

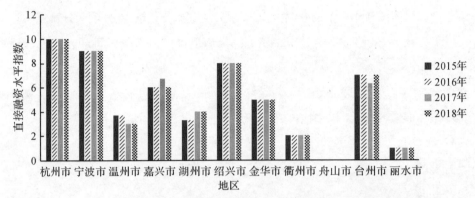

图 3-14　2015—2018 年浙江省各地市直接融资水平指标

接融资比重，丰富金融市场的功能和层次，招引和鼓励私募金融机构集聚发展，引导社会资金有序流入实体经济，并促进广大群众共享财富增值服务，杭州、嘉兴、宁波等地近两年纷纷出台关于加快私募金融服务业发展的实施意见，从财政、税收等方面大力扶持私募金融机构。因此，该指标能够反映当地政府对私募金融机构的扶持力度。本报告数据来源于同花顺。评分从高到低，按 10 分到 0 分赋分。

在本次评估中，2015—2018 年，该项指标值较高的城市为杭州，较低的城市为衢州、台州和丽水，且城市之间差距明显（见图 3-15）。这主要是因为杭州市政府对私募金融服务业扶持力度大。例如，2015 年 11 月，杭州市人民政府出台了《关于加快我市私募金融服务业发展的实施意见》，从财政、税收等方面大力扶持私募金融机构，同时向私募高级人才抛出"橄榄枝"。近年来，这一政策已经取得显著成效，杭州的私募基金公司数量节节攀升，远高于浙江省其他地区。相对而言，衢州、台州和丽水在优化金融业态结构、扶持私募金融机构方面存在不足，未来还需要进一步加强。

③税赋环境

首先来看本年应交增值税/工业总产值这一指标。经国务院批准，自 2016 年 5 月 1 日起，在全国范围内全面推开营业税改征增值税（以下简称营改增）试点，建筑业、房地产业、金融业、生活服务业等全部营业税纳税人，纳入试点范围，由缴纳营业税改为缴纳增值税。改革之后，增值税将在企业的总税赋中占到更大的比例。该指标可以反映一个地区工业企业主要的税赋情况。本部分选取的数据

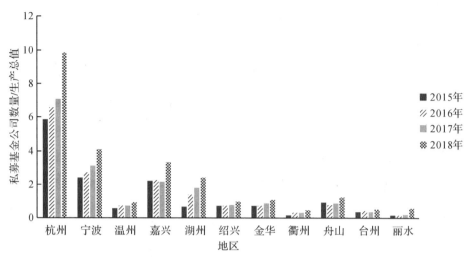

图 3-15　2015—2018 年浙江省各地市私募基金公司数量/生产总值指标

来自《中国城市统计年鉴》的同名指标,从高到低,按 10 分到 0 分赋分。

在本次评估中,2015—2018 年,该项指标值最高的城市为杭州,其余城市则差别不大,其中衢州在 2018 年的得分有了明显的降低,这说明近年来杭州市政府对工业企业的税收优惠较多,税赋环境较为宽松;衢州也开始重视营造良好的税赋环境,对相关企业的优惠力度较大(见图 3-16)。

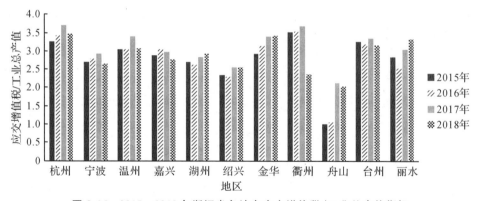

图 3-16　2015—2018 年浙江省各地市应交增值税/工业总产值指标

再来看研发费加计扣除率这一指标。本部分利用《中国城市统计年鉴》等各类公开数据,对浙江省 11 个地市的研发费加计扣除率进行评价。由于 2018 年资料不完整,我们在研发加计扣除和所得税减免两个指标的分析中仍然使用了 2017 年的相关数据。2017 年,该项指标值最高的城市是衢州和舟山，其值均为 100.00，远高于其他地市，构成第一梯队。 如衢州为了进一步提升企业研发动力，于 2017 年出台了《衢州市人民政府办公室关于进一步减轻工业企业负担促进工业企业健康发展的实施意见》（衢政办发〔2017〕52 号），其中明确提出"要提高科技型中小企业研发费用税前加计扣除比例，即自 2017 年 1 月 1 日至 2019 年 12 月 31 日，将科技型中小企业开发新技术、新产品、新工艺实际发生的研发费用在企业所得税税前加计扣除的比例，由 50％提高至 75％"，因此表现良好。 台州该指标值为 85.10，高于全省平均水平（78.10），构成第二梯队。 杭州、宁波、温州、嘉兴、湖州、金华这 6 个地市该指标值在 70 以上，构成第三梯队。 绍兴和丽水的指标值均在 70 以下，构成第四梯队。 丽水的指标值为 60.00，在 11 个地市中处于最低水平，表明丽水市政府对企业研发支持力度方面存在一定不足，未来需要进一步加强（见图 3-17）。

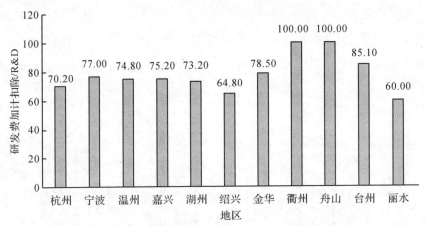

图 3-17 2017 年浙江省各地市研发费加计扣除率指标

最后来看高企减税度这一指标。 本部分利用《中国城市统计年鉴》等各类公开数据，对浙江省 11 个地市的高新技术企业所得税减免额/利润总额进行评价。 在本次评估中，2017 年该项指标值最高的城市是舟山，为 100.00，远高于其他地市，与杭州共同构成第一梯队。 舟山市科技局坚持以培育、发展和壮大高新技术企业作为"创新舟山"建设的重要抓手，大力实施科技企业"双倍增"计划，力促科技型中小微企业"小升高""小壮大"。 2018 年，舟山企业累计享受研发费用加计抵扣超 4 亿元，高新技术企业减免所得税超 1

亿元。 温州和台州的指标值都在 80 以上，高于全省平均水平（76.50），构成第二梯队。 宁波、嘉兴、湖州、金华这 4 个地市的指标值在 70 以上，构成第三梯队。 绍兴、衢州和丽水这 3 个地市的指标值均在 70 以下，构成第四梯队。 丽水的指标值为 60.00，在 11 个地市中处于最低水平，表明丽水在对高新企业税收优惠力度方面存在一定不足，未来需要进一步加强（见图 3-18）。

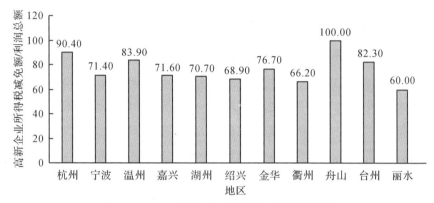

图 3-18　2017 年浙江省各地市高企减税度指标

(3)总体评估结果

从总指标来看，地区间差异较大，但同一地区各年度的指标值比较稳定，同年度各市的排名也较为稳定。 具体来看，宁波、杭州始终位列前三位，而丽水市政府对企业的支持力度较小。 这说明各地区政府对当地企业的支持力度存在差异，对企业的重视程度也有所不同。 从分项指标来看，地区之间差异较大，各年度指标值有所波动，这说明各地区政府对企业支持力度的差异可能受基础环境、金融环境及税赋环境等因素的影响。

3.2.2　基于评估结果的观察与建议

(1)评估观察结果

从评估结果来看，浙江省各地区企业受政府支持的力度存在变化，如衢州市政府对企业的支持指标值有所增加，排名从第十位跃升为第四位，这说明当地政府开始重视对企业的支持，其在营商环境方面有了明显的进步。 在

11 个地市中, 宁波、杭州、舟山在政府对企业的支持方面表现突出, 各项指标都体现出政府和金融机构对企业发展的重视, 为企业创造了宽松的金融环境与税赋环境。 但金华的情况就完全相反, 无论是基础环境、金融环境还是税赋环境, 政府给予企业的支持都相对较少。 总的来说, 大部分地区的支持指标值较上一年都有所下降, 各地政府需要对此引起重视。

(2)政策建议

在加大政府对企业的支持力度方面, 应当从基础环境、金融环境和税赋环境入手, 把改善税赋环境作为重点工作加以推进。

①基础环境

政府应当全面调整财政支出结构, 根据不同地区财政支出的结构现状特点和存在的问题进行财政支出结构的调整。 比如, 为解决绍兴单位生产总值财政支出水平比较低的问题, 需要增加财政支出的总量, 扩大财政支出的规模。 而针对丽水单位生产总值财政支出水平比较高的原因是生产总值过低这一主要问题, 政府应该加强经济建设, 增强政府对企业经济发展的政策支持和资金支持。 此外, 要增加社会公共性支出, 尤其是财政科技支出。

要深化政府机构改革, 压缩行政经费。 应精简机构, 撤销、合并重复的机构, 促使机构设置向公共服务型转变; 建立公务员竞争与考核机制, 提高办公效率。

要提高财政支出的制度效率和决策效率。 部门预算要进一步细化预算编制, 加强预算审查; 建立针对预算编制质量和项目绩效的考评机制。 同时, 要建成安全、高效、便捷的现代化信息系统。 要加强法治建设, 制定出财政决策的法律依据, 将公共支出决策的制定和执行纳入法治化轨道。

②金融环境

第一, 完善企业资信网络, 降低信贷风险。 金融机构对民营经济的支持要掌握依据, 注意风险防范。 依靠正在全国范围内推广使用的银行信贷登记咨询系统, 使用好个人信用项目, 使金融机构准确了解企业的资信情况, 确定可靠的信贷关系。 充分利用互联网金融平台，基于平台大数据开发对企业进行信用评级。 要帮助和督促民营企业建立规范的财务制度，完善财务报表，使银行能够准确地了解企业的财务信息，便于对贷款使用情况进行跟踪监控，确保贷款的安全性。

第二，借鉴国外经验，发展地方性银行。 解决民营企业的融资困难，我们有必要借鉴国外的经验，考虑发展地方性金融机构和民营银行。 引导民间资本组建地方性金融机构，在当前对于促进和规范民间投资具有重要意义。 只要监管得当，既可以形成我国金融市场的多元化格局，又可以活跃民间投资。

第三，发挥政府职能，建设社会信用。 政府要重视银行债权的维护工作，摒弃地方保护主义和地方功利主义思想，努力塑造良好的地方声誉和形象。 要配合银行，运用法律和行政手段，制裁不讲信誉企业的逃废债行为。要积极邀请银行参与企业改制，依法支持企业破产。 应严肃查处有关部门对银行的"三乱"行为，切实减轻银行负担。 应大力开展信用评级活动，形成人人讲信誉的良好氛围。

③税赋环境

第一，推进制度创新，构建浙江民营企业税务营商环境评价体系。 应尽快构建具有浙江本地特征的税务营商环境评价体系，比如，可以从评价体系的构建依据、基本原则、逻辑框架和体系结构等维度进行设计。 在体系构建过程中，应以现行税收制度为纲，体现税务营商环境的改革方向；以纳税人满意度为准绳，确保源头信息的可获得性、信息渠道的真实可靠、调查对象选取的代表性与科学性。 与此同时，要准确且及时地反映浙江民营企业税务营商环境所取得的成就。

第二，完善税收优惠政策，鼓励中小企业自主创新。 政府应充分运用税前扣除、投资抵免、先征后退、即征即退、亏损结转和加速折旧等多种间接优惠方式，同时辅以免征、减征和优惠税率等直接优惠方式，来鼓励中小企业的自主创新活动。

第三，优化税收服务体系。 税务部门要优化税收服务体系， 加强税收法规政策宣传，提升纳税辅导和纳税培训等服务水平，为民营企业提供优质纳税服务,营造良好的纳税环境。 要简化民营企业纳税申报程序,减少纳税申报时需附送的资料,以节约纳税时间和纳税成本。 此外,还可积极推行税务代理制度,充分发挥中介机构的作用,提高税务部门的工作效率。

3.3 民营企业活跃度分析

3.3.1 评估结果分析

(1)民营企业活跃度指标说明

一级指标民营企业活跃度由二级指标民营企业活跃度,以及 3 个三级指标,即民营企业活跃度、专业人士对企业活跃度的感知度、新增企业增长率所构成。 根据测算结果,浙江省 11 个地市的民营企业活跃度指标的平均值为81.47,排名前三位的分别是金华、湖州和杭州(见图 3-19)。

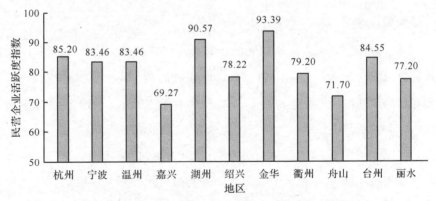

图 3-19　2018 年浙江省各地市民营企业活跃度指标

2018 年,浙江省新型政商关系评估指标体系中一级指标民营企业活跃度的二级、三级指标的数据,源自浙江工商大学浙商研究院所做的 2018 年版《浙江创业观察》。 该项调查每两年开展一次。 由于 2020 年的调查受到新冠肺炎疫情影响没有开展,本次评估仍沿用 2018 年版相关数据。 为了增强评估的科学性,本次评估增加了专业人士对企业活跃度的感知度和新增企业增长率这两个三级指标,数据分别源自浙商研究院的调查和浙江省市场监督管理局(见表 3-

1）。 与此同时，我们适当调整了 2018 年版数据在指标体系中的权重。

表 3-1　2018 年和 2019 年评价指标体系中一级指标——民营企业活跃度的对比情况

年份	一级指标（权重）	二级指标（权重）	三级指标	数据来源
2018	民营企业活跃度（0.2）	民营企业活跃度（1）	民营企业活跃度	浙商研究院调查数据
2019	民营企业活跃度（0.2）	民营企业活跃度（1）	创业活跃度	浙商研究院调查数据
			专业人士对企业活跃度的感知度	浙商研究院调查数据
			新增企业增长率	浙江省市场监督管理局数据

（2）分指标情况说明

①民营企业活跃度

本指标主要通过新创企业数量来测度，数据源自浙商研究院已有的调查数据[①]。 此次报告仍旧使用 2018 年我们对浙江省 11 个地市 18—64 岁常住居民所做调查的数据，采用分层随机抽样的方式，根据人口数量、经济发展水平对 11 个地市进行分层分类后再进行分析。 本报告根据成人随机抽样调查的方式获得 1860 个有效样本，对浙江省新创企业数量进行评估分析。

所有 18—64 岁的接受调查者被划分为 3 类，即初生创业者、新企业创业者和已有企业创业者。 我们将初生创业者定义为"参与到其拥有或者共同拥有的企业运营中，运营时间少于 3 个月的人"；将新企业创业者定义为"拥有并管理一个正在运营且运营时间多于 3 个月而少于 42 个月的人"。 评估时着重讨论初生创业者和新企业创业者的比例。 民营企业活跃度的计算公式是：

创业活跃度＝（初生创业者人数＋新企业创业者人数）/被调查总人数。

调查显示， 在 1860 个有效样本中，创业者人数为 982 人，占总样本人数的 52.8％，较 2016 年的 51.80％略有增长。 其中，初生创业者 111 人，新企业创业者 444 人，说明浙江省新企业创业者人数远远大于初生创业者人数。

---

① 浙江工商大学浙商研究院:《浙江创业观察》2018 年版。

与 2016 年的调查数据相比，初生创业者占比呈现小幅增长，从 4.90％增长为 5.97％；而新企业创业者人数则表现出较大幅度的增长，占比从 17.40％增加到 23.87％（见图 3-20）。

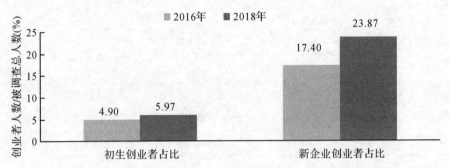

图 3-20　2016 年和 2018 年浙江省初生创业者和新企业创业者占比变化

我们进一步观察了浙江省初生创业者与新企业创业者的区域分布与区域比较情况。 通过图 3-21 可以发现，杭州、温州、宁波和台州的早期创业者人数较多，而湖州、衢州和舟山的早期创业者人数较少。

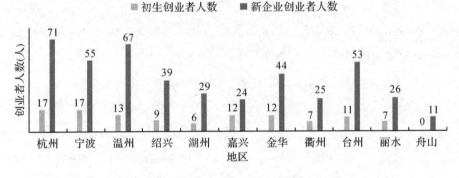

图 3-21　2018 年浙江省各地市初生创业者和新企业创业者人数

我们对浙江省各地市初生创业者占比和新企业创业者占比进行了分别计算。 通过图 3-22 可以发现，2018 年，初生创业者占比相对较高的是嘉兴和宁波，相对较低的是温州、台州和舟山；新企业创业者占比相对较高的是舟山和湖州，占比最低的是嘉兴。

需要说明的是，第一类初生创业者（少于 3 个月）主要关注初创期创业的机会和资金筹集等问题；第二类新企业创业是初生创业活动的延续，在这个

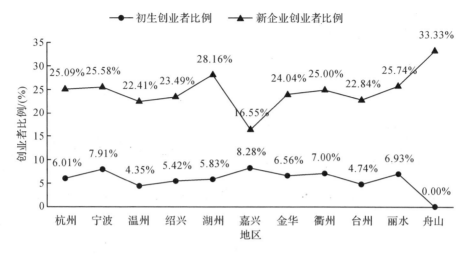

图 3-22　2018 年浙江省各地市初生创业者和新企业创业者占比

阶段，创业者主要考虑的问题是如何生存下去；第三类已有企业创业者，其参与创业活动的时间超过 42 个月，这种创业者主要关注创业活动如何更好地延续与发展。 从区域或者国家的角度来看，初生创业者和新创企业者人数的多少，很大程度上反映了区域经济的活力情况。

民营企业活跃度指标的测算结果如表 3-2 所示。

表 3-2　民营企业活跃度指标测算结果

地市	创业活跃度（%）	指标化后数值
杭州	31	87.4
宁波	33	97.8
温州	27	68.4
湖州	34	100.0
嘉兴	25	60.0
绍兴	29	77.9
金华	31	85.2
衢州	32	91.3
舟山	33	97.2
台州	28	72.1
丽水	33	94.3

根据我们调查所得的浙江省创业者比例总体结果,浙江省的创业总体处于较高的发展水平,2018 年的创业者比例为 52.80%,与 2016 年的 51.80% 相比,略有增长。 数据表明,半数以上的浙江民众都参与到创业之中,这与浙江省历来的创业传统和当前良好的创业政策息息相关。 2018 年,浙江省初生创业者人数、新企业创业者人数占样本总数的比例分别为 5.97%、23.87%;所以早期创业者(初生创业者占比与新企业创业者占比之和)比例为 29.84%,显示浙江省近 3 成的人为初生创业者和新企业创业者,高于 2016 年报道的 22.40%,这说明浙江省具有较强的创业活跃度和经济活力。

在 11 个地市中,湖州的创业活跃度最高,达到 34%,宁波、舟山、丽水也都达到 33%,绍兴、台州、温州不足 30%,而嘉兴仅有 25%,离平均值较远,其余地市均在 30% 左右。 必须说明的是,初生创业者占比远小于新企业创业者占比(1∶4 左右),这可能是因为近年来国内外总体政治经济形势导致浙江省近期初生创业者占比不高,有一定积累的创业者再次进行创业,并成为主力军。

②专业人士对企业活跃度的感知度

为了在一定程度上解决 2020 年未开展创业调查而缺失一手数据所带来的真实度问题,本次评估增加了专业人士对企业活跃度的感知度指标[1],主要是通过对从事浙商研究的学者、政府部门及企业界人士进行问卷调查,获得其对于各地市企业活跃度的主观感知度。 问卷按照 1-5 分进行赋分,分别表示不活跃、稍微活跃、一般活跃、较为活跃、十分活跃;再经过指标化处理后,获得该指标的数值。 结果如表 3-3 所示。

表 3-3　专业人士对企业活跃度的感知指标

地市	专业人士对企业活跃度的感知度	指标化后数值
杭州	4.80	100.0
宁波	4.35	92.70

---

[1]　该方法有着一定的主观性,故本次评估控制了其所占权重。

地市	专业人士对企业活跃度的感知度	指标化后数值
温州	4.35	92.70
湖州	3.80	83.60
嘉兴	3.55	80.00
绍兴	3.80	83.60
金华	3.45	78.20
衢州	2.65	65.50
舟山	2.65	65.50
台州	4.10	89.10
丽水	2.35	60.00

从该项调查研究中可知，专业人士对于杭州、宁波、温州、台州的企业活跃度的感知较为强烈，都超过了 4，因此，可以认为这 4 地的企业活跃度处于较为活跃与十分活跃之间；嘉兴、绍兴、湖州、金华 4 地的指标值介于 3 与 4 之间，表明专业人士对其企业活跃度的感知位于一般活跃与较为活跃之间；衢州、舟山、丽水 3 地的指标值低于 3，表明专业人士对企业活跃度的感知不明显。

该项调查与我们所做的创业者调查结果存在一定的偏差，说明专业人士对企业活跃度的感知同创业者实际表现之间还有一定的差别，需要进一步将两方面因素综合起来考量。

③新增企业增长率

为进一步提高对企业活跃度的直接刻画，我们从浙江省市场监督管理局获得了 2019 年 11 个地市的新设企业同比增速的数据，将之指标化后得到三级指标新增企业增长率（见表 3-4）。

表 3-4　2019 年浙江省各地市新增企业增长率指标

地市	2019 年新设企业同比增速（%）	指标化后数值
杭州	9.90	81.6
宁波	1.90	74.7

地市	2019 年新设企业同比增速(%)	指标化后数值
温州	18.90	89.4
湖州	16.10	87.0
嘉兴	−1.10	72.1
绍兴	5.10	77.5
金华	31.10	100.0
衢州	2.70	75.4
舟山	−15.10	60.0
台州	19.60	90.0
丽水	−1.80	71.5

从该指标来看，2019 年，金华的新设企业同比增速超过 30%，达到31.10%，显示出极强的企业创业活跃度；台州、温州这些传统民营经济活跃的地区，增速都接近 20%，湖州也达到 16.10%，表现较为突出；受自身体量的影响，杭州的新设企业同比增速为 9.90%，表现中规中矩；绍兴、衢州、宁波仅有 5.00%左右的增速，而丽水、嘉兴、舟山等甚至出现负增长，显示出企业活跃度的不足。

3.3.2　基于评估的观察与建议

(1)基于评估结果的观察分析

众所周知，浙江是民营经济大省，截至 2018 年底，在全省 654 万户市场主体中，有 627 万户属于民营经济，占比高达 95.87%；2019 年，在中国民营企业 500 强榜单中，浙江省以拥有 93 家上榜企业的优势排名全国第一，其上榜企业占全国民营百强企业的比例接近 20%，而且浙江省民营百强企业数量已连续 20 多年居全国第一。故而，时任省委书记车俊强调"民营经济强则浙江强，民营企业好则浙江好"，浙江省"要把民营企业家搞得香香的，把民营经济做得壮壮的"。新型政商关系的建设成果最直观的反映就是民营企业的活跃度，这也直接关系浙江省经济的发展。我们将从政府构建新型政商关系的所做与所得的直接与间接影响两方面进行具体分析。

①政府对企业的服务、支持与企业活跃度

表 3-5 列出了浙江省 11 个地市政府的服务力与支持力，以及民营企业活跃度的指标值及排名。 我们可以看出，各地市政府在构建新型政商关系时所做的努力与产生的结果——企业活跃度上，还存在一定的差异。 我们把政府对企业的服务和政府对企业的支持指标值排名进行加总后予以平均，得出政府在构建新型政商关系上所做努力的综合排名，再与民营企业活跃度指标值的排名进行比较，最后分成 3 类进行讨论。

表 3-5　2019 年浙江省 11 个地市政府对企业的服务力、政府对企业的支持与民营企业活跃度指标值及排名

地市	政府对企业的服务	排名 1	政府对企业的支持	排名 2	排名(1+2)	民营企业活跃度	排名 3
杭州	92.9	2	87.8	1	1.5	85.2	3
宁波	83.3	9	74.5	3	6	83.5	6
温州	90.8	3	72.2	5	4	83.5	5
嘉兴	89.7	5	70.4	9	7	69.3	11
湖州	87.0	7	70.5	8	7.5	90.6	2
绍兴	81.0	11	69.3	10	10.5	78.2	8
金华	85.8	8	71.2	7	7.5	93.4	1
衢州	93.8	1	73.6	4	2.5	79.2	7
舟山	89.8	4	76.8	2	3	71.7	10
台州	83.2	10	72.1	6	8	84.6	4
丽水	87.4	6	65.3	11	8.5	77.2	9

第一类，综合排名与民营企业活跃度指标值排名基本吻合，包括宁波和丽水。 这说明政府在构建新型政商关系时付出的努力换来了相应的企业活跃度产出，政府的工作落到了实处，取得了积极成效，企业也获得了相应的鼓励，并产生了相应的活跃度。

第二类，综合排名高于活跃度排名，包括杭州、温州、嘉兴、衢州、舟山和丽水。 这说明这些地市政府投入了很多人力、物力、精力去构建新型政商关系，却没能收获到相应的企业活跃度产出，因而需要进一步提高工作的投

入产出效率；特别是舟山，综合排名与民营企业活跃度指标值的排名相差 7，可见当地政府的努力与企业实际表现相差甚大。

第三类，综合排名低于民营企业活跃度指标值的排名，包括湖州、绍兴、金华、台州。 这说明这些地方的民营企业活跃度的产生并不完全依靠当地政府构建的新型政商关系，也说明政府的努力不能满足企业的要求。 特别是金华，综合排名与民营企业活跃度指标值排名相差 6.5，可见当地政府在构建新型政商关系方面还有很多工作要做。

②民营企业活跃度与所在地经济发展

表 3-6 列出了一级指标民营企业活跃度下两个重要的三级指标——创业活跃度、新设企业同比增速的得分情况，以及近年来它们与该地生产总值增速的关系。 从表 3-6 中可以大致看出，民营企业活跃度与该地经济发展具有一定的相关关系。 我们按照经济体量将 11 个地市分为 4 组，第一组为杭州和宁波，体量超过万亿元；第二组为温州、绍兴、嘉兴、台州，体量超过 5000 亿元；第三组为金华和湖州，体量超过 3000 亿元；第四组为衢州、丽水、舟山，体量不足 2000 亿元。 下面我们分别来看各组的情况。

表 3-6　民营企业活跃度指标与地方经济发展指标的关系

地市	创业活跃度 （2018 年）	新设企业同比增速 （2019 年，%）	2018 年生产 总值增速（%）	2019 年生产 总值增速（%）
杭州	0.31	9.90	6.70	6.80
宁波	0.33	1.90	7.00	6.80
温州	0.27	18.90	7.80	8.20
湖州	0.25	16.10	8.10	7.90
嘉兴	0.34	−1.10	7.60	7.00
绍兴	0.29	5.10	7.10	7.20
金华	0.31	31.10	5.50	6.50
衢州	0.32	2.70	7.20	6.70
舟山	0.33	−15.10	6.70	9.20
台州	0.28	19.60	7.60	5.10
丽水	0.33	−1.80	8.20	8.30

第一组：杭州的创业活跃度与新设企业同比增速都保持在较高的水平，故而经济发展较为稳健；宁波的创业活跃度水平较高，但2019年新设企业同比增速指标值仅为1.90%，故而2019年经济增速下滑。

第二组：温州2019年新设企业同比增速指标值高达18.90%，生产总值增速为8.20%；台州2019年新设企业同比增速为19.60%，生产总值增速为5.10%；嘉兴的2018年创业活跃度水平较高，但2019年新设企业同比增速出现负增长，当年生产总值增速也低于2018年。

第三组：金华的创业活跃度表现不俗，2019年新设企业同比增速指标值更是高达31.10%，位列全省第一，故而当年生产总值增速较之2018年增加1个百分点；湖州的创业活跃度表现不佳，但2019年新设企业同比增速指标值达到16.10%，表现较好，故而虽然2019年生产总值增速较2018年有所下滑，却也能保持在8%左右的高位。

第四组：3地市的创业活跃度水平都较高，除衢州外，舟山、丽水的2019年生产总值增速分别列浙江省第一和第二。

(2)相关政策建议

基于上述评价体系得到的评估结果，为进一步提升民营企业活跃度，我们提出以下政策建议：

第一，加大创新创业活动的引导力度。各级政府要支持更多创业活动的开展，这也是对冲新冠肺炎疫情给经济带来负面影响的重要举措，是切实做好疫情防控常态化下"六稳""六保"工作之就业工作的重要举措。

第二，继续尽力营造公平、有序、法治的市场竞争环境。各级政府应当在更大范围、更深层次，以更有力举措，推进简政放权、放管结合、优化服务和"最多跑一次"改革，并做好各类宣传工作，使创业者们感受到政府所营造的优良创业环境，让创业活动更为便利地开展。

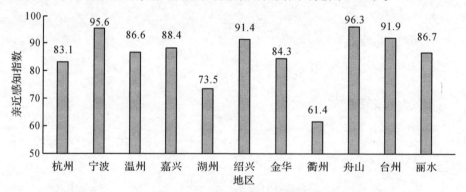

3.4 政府亲近感知度分析

3.4.1 政府亲近感知度评估结果分析

(1)政府亲近感知度指标说明

一级指标政府亲近感知度由二级指标对亲近的感知度，以及 2 个三级指标——创业者对亲近的感知度和专业人士对亲近的感知度构成。 根据测算结果，2019 年浙江省 11 个地市的亲近感知度指标平均值为 85.39，排名前三位的是舟山、宁波和台州，排名靠后的是湖州和衢州（见图 3-23 ）。

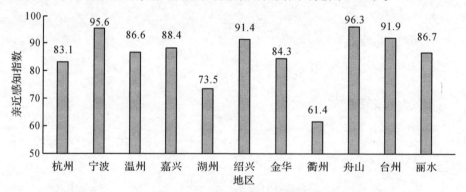

图 3-23 浙江省亲近感知度情况

2019 年浙江省新型政商关系评估指标体系中，一级指标政府亲近感知度下的二级、三级指标的数据，源自浙江工商大学浙商研究院所做的 2018 年版《浙江创业观察》。 该项调查每两年开展一次，2020 年的调查受到新冠肺炎疫情影响没有开展，故本次评估仍沿用 2018 年版数据；而为了增强评估的科学性，在本次评估中增加了一个三级指标专业人士对亲近的感知度，其数据来自浙商研究院调查（见表 3-7 ）；与此同时，我们适当调整了 2018 年版数据在指标体系中的权重。

表 3-7　2018 年和 2019 年评价指标体系中一级指标——"政府亲近感知度"的对比情况

年份	一级指标（权重）	二级指标（权重）	三级指标	数据来源
2018	政府亲近感知度（0.1）	创业者对亲近的感知度（1）	创业者对亲近的感知度	浙商研究院调查数据
2019	政府亲近感知度（0.1）	对亲近的感知度（1）	创业者对亲近的感知度	浙商研究院调查数据
			专业人士对亲近的感知度	浙商研究院调查数据

（2）分指标情况说明

①创业者对亲近的感知度

2016 年 3 月 4 日，习近平总书记指出，新型政商关系，概括起来说就是"亲""清"两个字，"亲"则两利，"清"则相安。为考察浙江省新型政商关系建设情况，特别是考察对政府亲近的感知情况，由浙江工商大学浙商研究院牵头，零点集团执行的 2018 年浙江省成人创业状况调查服务项目启动。课题组于 2018 年 7 月到 9 月历时 64 天时间，以城市为单位，调查了浙江省 11 个地市，完成了 1860 份样本的取样，并按浙江省 11 地市人口比例取得创业者样本 982 份。

对亲近的感知度指标值的计算方法如下：对亲近的感知度＝1－各选项人数总和/（被调查人数×8），再将所得数据转化为百分制值。我们的调查结果表明[1]，浙江省创业者认为党政干部不"亲"企业（家）的主要表现是党政干部不听取企业的意见或建议和不积极帮助企业解决困难，受访比例分别达到 47.53％和 43.70％，各地市得分较为均衡；其次是党政干部不重视、不尊重民营企业和民营企业家（34.07％），以及政府不敢与民营企业接触（25.93％）。具体情况见图 3-24，转化为百分制指标后的值见表 3-8。

---

[1]　浙商研究院报告：《针对浙江创业人群政商关系感知和诉求构建新型政商关系的对策与建议》，2018 年 11 月 13 日，未公开发表。

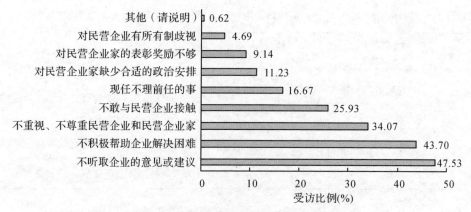

图 3-24 2018 年浙江省党政干部不"亲"企业(家)的表现

表 3-8 创业者对亲近的感知度指标的测算结果

地市	创业者对亲近的感知度	指标化后数值
杭州	0.74	81.2
宁波	0.79	95.4
温州	0.76	86.8
湖州	0.77	88.3
嘉兴	0.72	73.8
绍兴	0.78	93.0
金华	0.75	85.1
衢州	0.67	60.0
舟山	0.81	100.0
台州	0.78	91.7
丽水	0.77	89.7

我们着重分析最突出的两项表现——"不听取企业意见或建议"和"不积极帮助企业解决困难"。由图 3-25 数据可知,除舟山比例较低以外,其余 10 地市调研后反映"不听取企业的意见或建议"这一问题的比例都超过 40%,其中丽水、绍兴、衢州更是大于或等于 50%,可见政府不听取企业的意见或建议的问题较为突出,当地政府需要在"亲"字上进一步下功夫。

图 3-26 数据显示,11 个地市政府在"不积极帮助企业解决困难"方面的

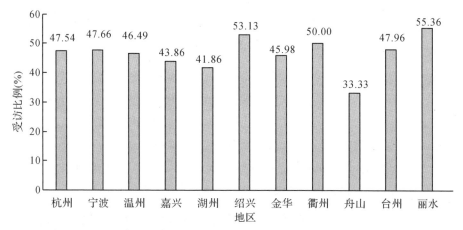

图 3-25　2018 年浙江省各地市选择"不听取企业的意见或建议"所占比例

表现差异较大。 其中，嘉兴这一比例不足 25％，显示出政府在积极帮助企业
解决困难方面的努力，得到了绝大多数创业者的感知与认可；湖州、衢州、丽
水 3 市均有超过半数的创业者认为，存在政府不积极帮助企业解决困难的情
况，其中湖州反映的比例最高，达到 65.12％；舟山、台州、绍兴 3 市的比例
位于 30％－40％之间，表明政府在帮助企业解决问题方面的工作，得到较多
创业者的感知与认可；杭州、宁波、金华、温州 4 市的比例位于 40.98％—
50％之间，表明政府在帮助企业解决问题方面表现一般。

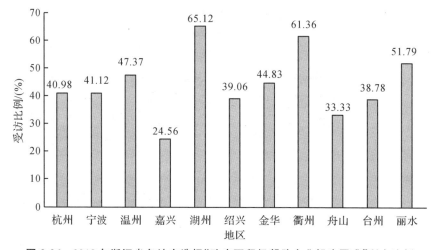

图 3-26　2018 年浙江省各地市选择"政府不积极帮助企业解决困难"所占比例

　　那么，导致企业家和政府部门关系不"亲"的原因有哪些呢？ 图 3-27 的
调查数据在一定程度上给出了答案。 排名第一的原因是"没有沟通交流的渠

道",占比 42.72%,表明尽管已经有了工商联,各类商会、协会、联合会组织,但政企之间沟通渠道的建设还需要进一步加强;排名第二的是"企业没事不去找政府",占比 37.53%,表明超过 1/3 的企业家并无强烈意愿主动与政府联络,则政府在服务企业时需要把握好"亲"的度;排名第三的是"党政干部疏远企业家",占比 30.86%,表明超过 3 成的企业家认为党政干部并非出自真心去服务企业;排名第四的是"政府不重视企业家的意见或建议",占比 26.67%,表明超过 1/4 的企业家认为自己的意见或建议并未得到政府的重视,这很容易打击他们与政府进行沟通的积极性。

值得一提的是,"没有沟通交流的渠道"与创业者年龄基本呈负相关关系,即年龄越小的创业者与政府的沟通渠道越少,表明新生代企业家并不熟悉政企沟通的渠道方式,也反映出当前的政企沟通渠道方式并未覆盖到新生代企业家群体;而"企业没事不去找政府"与创业者年龄基本呈正相关关系,即年龄越大的创业者越不倾向找政府交流和解决困难,这意味着如果政企沟通不顺畅、问题解决不利,可能会给企业家带来长期的心理影响,降低其沟通意愿。

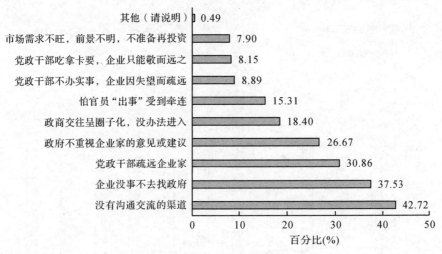

图 3-27 企业家不"亲"党政干部的原因

②专业人士对亲近的感知度

为了在一定程度上解决 2020 年未开展创业调查而缺失一手数据所带来的

真实度问题，本次评估增加了专业人士对亲近的感知度这一指标①，主要是通过对从事浙商研究的学者、政府部门及企业界人士进行问卷调查，获得其对各地市企业活跃度的主观感知度。问卷按照 1—5 分进行赋分，分别表示从不亲近、稍微亲近、一般亲近、较为亲近和十分亲近；再经过指标化处理后，获得该指标的数值。结果如表 3-9 所示。

表 3-9　专业人士对亲近的感知度指标的测算结果

地市	专业人士对亲近的感知度	指标化后数值
杭州	4.55	100.0
宁波	4.45	97.10
温州	4.00	85.70
湖州	4.10	88.60
嘉兴	3.45	71.40
绍兴	3.65	77.10
金华	3.65	77.10
衢州	3.55	74.30
舟山	3.10	62.90
台州	4.35	94.30
丽水	3.00	60.00

从该项调查研究中可知，专业人士对于杭州、宁波、台州、湖州、温州政府的亲近感知较为强烈，指标值都等于或者超过 4，因此可认为这 4 地的民营企业活跃度处于较为亲近与十分亲近之间；绍兴、金华、衢州、嘉兴、舟山、丽水 6 地的指标值介于 3 至 4 之间，表明其专业人士对政府亲近的感知度介于一般亲近与较为亲近之间，其中嘉兴、舟山、丽水 3 地指标值低于 3.5，表现相对较差。

该项调查与我们所做的创业者调查结果存在一定的偏差，特别是舟山、绍兴、温州的差别较为明显，说明专业人士对亲近的感知同创业者对亲近的感知之间还有一定的差别，需要进一步将两方面因素综合起来考量。

① 该方法存在一定的主观性，故本次评估控制了其所占权重。

3.4.2　基于评估的观察与建议

(1)基于评估结果的观察分析

由于政府亲近感知度直接涉及"亲清"政商关系的"亲"方面，而且是新型政商关系构建的直接感受，政府在构建新型政商关系时不仅要自己做得好，也要让企业感受得到。我们评估时发现，当前浙江省 11 个地市在政府亲近感知的构建上还存在较大差异，表现较好的是舟山、宁波、台州、绍兴，而湖州、衢州表现相对较差。我们将从"做与感受的差别"和"感受到哪些没做好"这两个方面，基于评估结果来展开分析。

①政府对企业的服务支持与企业对其的感知度

表 3-10 列出了浙江省 11 个地市政府对企业的服务与支持，以及政府亲近感知度的指标值和排名。我们可以看出，各地市在政府构建新型政商关系的努力与企业的直观感受——政府亲近感知度上，还存在一定的差异。我们把政府对企业的服务和政府对企业的支持这两个指标值的排名进行加总后予以平均，得出政府构建新型政商关系努力的综合排名，再与政府亲近感知度指标值的排名进行比较，然后分成 3 类进行讨论。

表 3-10　浙江省 11 个地市政府对企业的服务、政府对企业的支持与政府亲近感知度指标值及排名

地区	政府对企业的服务	排名 1	政府对企业的支持	排名 2	排名(1+2)	政府亲近感知度	排名 3
杭州	92.9	2	87.8	1	1.5	83.1	9
宁波	83.3	9	74.5	3	6	95.6	2
温州	90.8	3	72.2	5	4	86.6	7
嘉兴	89.7	5	70.4	9	7	88.4	5
湖州	87.0	7	70.5	8	7.5	73.5	10
绍兴	81.0	11	69.3	10	10.5	91.4	4
金华	85.8	8	71.2	7	7.5	84.3	8
衢州	93.8	1	73.6	4	2.5	61.4	11
舟山	89.8	4	76.8	2	3	96.3	1

地区	政府对企业的服务	排名1	政府对企业的支持	排名2	排名(1+2)	政府亲近感知度	排名3
台州	83.2	10	72.1	6	8	91.9	3
丽水	87.4	6	65.3	11	8.5	86.7	6

第一类，政府努力综合排名与政府亲近感知度指标值的排名基本吻合的地市，只有金华。这说明金华市政府为构建新型政商关系所付出的努力让企业充分感知到了，政府的工作落到了实处，取得了积极成效，实现了"做到了，也被看到了"。

第二类，政府努力综合排名高于政府亲近感知度指标值排名的地市，包括杭州、温州、湖州、衢州。这说明这些政府投入了很多人力、物力、精力去构建新型政商关系，却没能得到企业的感知，即"做到了，却没有被看到"。特别是杭州和衢州，综合排名与政府亲近感知度指标值的排名分别相差7.5和8.5，可见当地政府的努力与企业感知相差甚大。我们认为，对杭州而言，可能是因为企业对杭州政府的要求较高、所求更高；对衢州而言，可能是因为企业对衢州政府所做的努力还需一个接受过程。

第三类，政府努力综合排名低于政府亲近感知度指标值排名的地市，包括宁波、嘉兴、绍兴、舟山、台州、丽水。这说明企业的感知高于政府的实际所为，主要可能是企业要求不高、对政府的努力有着超额的感知；特别是绍兴和台州，综合排名与政府亲近感知度指标值排名分别相差6.5和5，可见企业虽然感知度较好，但并不意味着当地政府在构建新型政商关系方面就不需要再努力。

②企业感知中的重点内容

从我们对创业者调研的数据来看，当前浙江省企业家认为的党政干部不"亲"企业（家）的表现主要有"不听取企业的意见或建议""不积极帮助企业解决困难""不重视、不尊重民营企业和民营企业家""不敢与民营企业接触"4个方面，比例均超过25%；而在导致企业家和政府部门关系不"亲"的原因中，"没有沟通交流的渠道""企业没事不去找政府""党政干部疏远企业家""政府不重视企业家的意见或建议"这4个原因的比例均超过25%。具体见表3-11。

表 3-11　政商关系不"亲"的表现与原因

党政干部不"亲"企业(家)的表现	占比(％)	企业家不"亲"党政干部的原因	占比(％)
不听取企业的意见或建议	47.53	没有沟通交流的渠道	42.72
不积极帮助企业解决困难	43.70	企业没事不去找政府	37.53
不重视、不尊重民营企业和民营企业家	34.07	党政干部疏远企业家	30.86
不敢与民营企业接触	25.93	政府不重视企业家的意见或建议	26.67
现任不理前任的事	16.67	政商交往呈圈子化,没办法进入	18.40
对民营企业家缺少合适的政治安排	11.23	怕官员"出事"受到牵连	15.31
对民营企业家的表彰奖励不够	9.14	党政干部不办实事,企业因失望而疏远	8.89
对民营企业有所有制歧视	4.69	党政干部吃拿卡要,企业只能敬而远之	8.15
其他	0.62	市场需求不旺,前景不明,不准备再投资	7.90
		其他	0.49

　　我们可以看出,当前浙江省新型政商关系中不"亲"的表现与原因有着较好的对应关系,集中表现在 3 个方面:

　　第一,沟通渠道缺乏。 浙江省委办公厅、浙江省人民政府办公厅于 2018 年 11 月出台了《进一步促进民营经济高质量发展的实施意见》,明确要求进一步畅通政企沟通渠道,搭建民营企业诉求直通平台。 浙江省内工商联系统工作很扎实,各类商会、协会、联合会等企业家组织也异常发达,但民营企业与政府之间的沟通渠道仍然缺乏。 我们认为可能的原因在于,该类组织更多服务于各类大中型企业,而对于本调查所针对的广大创业者的覆盖度不足,因此未来政企之间沟通平台的建设还需要进一步扩大覆盖面,下沉覆盖度。

　　第二,党政干部不重视企业(家)。 这一情况占比不低,可能原因在于我们的调查对象是各类创业者,这些数量众多的较小规模的市场主体,往往在政府"抓大放小"的思路下不受重视,这一点在地方经信部门的调研中得到佐证①。 我们认为，一方面众多小创业者是民营经济的活力源泉，另一方面政府沟通也要考虑成本投入，这两方面如何权衡还需要进一步研究、完善。

第三，企业不愿找政府。 这一类情况比较有趣。 我们调研企业家后得到的原因有：企业家觉得不被党政干部重视，企业家觉得找了政府也解决不了问题，企业家就是不喜欢与政府打交道，等等。 对于就是不愿与政府打交道的企业，我们在企业调研中发现，部分地方政府经信部门会直接派驻"指导员"进入企业（主要是拟上市企业），帮助企业对接政府。 我们认为，这种方式是值得其他地方借鉴的。

（2）相关政策建议

基于上述评价体系所做出的评估结果，为进一步提升企业对政府亲近的感知度，我们从党政干部和企业家两方面出发，提出以下政策建议：

第一，针对党政干部不"亲"企业（家）的问题，应划出党政领导干部与民营企业（家）交往的底线与高线，让政企亲近在规则下理直气壮地进行，这也是破解少数干部"不作为""不敢为"的关键。

第二，针对企业家不"亲"党政干部的问题，政府应强化沟通意识，借助政协、工商联平台，进一步建立多层次、多方式的沟通渠道，对于"不理""不亲"企业（家）的领导干部要根据反馈情况及时问责，同时要做好各类宣传工作，释放亲近善意，引导企业家敢于主动找政府。

---

① 我们所调研的地方经信部门负责人表示，按照"抓大放小、做大做强"的思路，符合政府产业政策的企业都会得到很好的服务；同时，他们也表示他们的工作对象更多是规上企业。

4 浙江省新型政商关系的"清白"指数

4.1 浙江省政府廉洁度分析

4.1.1 浙江省政府廉洁度评估结果分析

(1)浙江省政府廉洁度指标说明

一级指标政府廉洁度之下设置 1 项二级指标，即干部清正。二级指标干部清正下设置三级指标机关事业单位每万人被查处官员及违纪违规数量。该项三级指标的数据主要通过检索中央纪委国家监委、浙江省纪委省监委、11个地区市纪委市监委官方网站上"审查调查""纪律审查""曝光台"等栏目进行统计分析。

(2)浙江省政府廉洁度总体结果分析

浙江省 11 个地市的政府廉洁度指标平均值为 83.60，其中指标值在 90 以上的，由高到低依次为嘉兴、绍兴、杭州、宁波，指标值在 80—90 的为舟山和丽水，指标值在 80 以上的，由高到低依次为台州、金华、湖州、温州、衢州（见图 4-1）。本指标测量维度单一、权重大，从结果上也显现出分值区间较大、梯队间差异性较明显等特征。 从评估情况来看,全省平均被通报违纪官员人数占机关事业单位就业人员数的比率为 10.8 人/万人,既反映出浙江省当前干部廉洁问题依然以不同形式存在,也反映出浙江省持续开展反腐败工作的决心和力度。

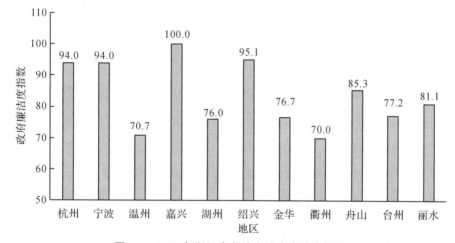

图 4-1 　2019 年浙江省各地市政府廉洁度指标

依据 2019 年浙江省政府廉洁度指标的评估结果,可以将浙江省 11 个地市划分为 3 个梯队,第一梯队为指标值在 90 以上的地市,包括嘉兴、绍兴、杭州、宁波;第二梯队为指标值在 80—90 之间的地市,即舟山和丽水;第三梯队则是指标值在 80 以下的地市,包括台州、金华、湖州、温州和衢州(见图 4-2)。

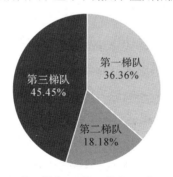

图 4-2 　2019 年浙江省各地市政府廉洁度占比情况

注:上述梯队占比为约数,相加分未到 100%。

将 2019 年浙江省各地市政府廉洁度排名与 2018 年进行对比后发现,从排名变动情况来看,嘉兴表现优异,依旧稳居第一;金华、衢州均保持原排名不动;宁波、绍兴、台州、丽水都有所进步,其中宁波和丽水进步最大,排名均上升4位;杭州、温州、湖州、舟山排名有所下降,其中杭州、舟山仅下降1名,温州排名下降5名,变动明显(见表4-1)。

表 4-1　2018 年和 2019 年浙江省各地市政府廉洁度排名情况

地市	政府廉洁度		
	2018 年排名	2019 年排名	排名变动
杭州	2	3	−1
宁波	7	3	4
温州	5	10	−5
嘉兴	1	1	0
湖州	6	9	−3
绍兴	3	2	1
金华	8	8	0
衢州	11	11	0
舟山	4	5	−1
台州	9	7	2
丽水	10	6	4

评估发现:

第一,浙江省 11 个地市的政府廉洁度水平总体较高。 2019 年,浙江省11 个地市政府廉洁度指标平均值为 83.60,总体水平相对较高,超过优秀线(80),这表明在浙江省各地市政府的重视之下,各地市系列改革举措成效显著,政府廉洁水平较高,为企业发展提供了风清气正的社会环境。

第二,浙江省 11 个地市政府之间的廉洁度差距在不断缩小,但仍有进一步优化的空间。 2018 年,浙江省 11 个地市之间政府廉洁度的标准差为11.16,各地市之间差距较大。 2019 年,各地市之间标准差较 2018 年有所下降,为 10.11,但差距仍然较大。 未来,各地市应该进一步加强对反腐经验的交流与学习,建立起反腐联动机制,努力缩小地区间差异。

4.1.2 基于评估结果的观察与建议

(1)基于评估结果的观察分析

习近平总书记曾用"干部清正、政府清廉、政治清明"来形容科学有效的腐败防治体系。 干部清正指的是干部要做到信念坚定、为民服务、勤政务实、敢于担当、清正廉洁,这不仅是腐败防治体系的基础环节,更是新型政商关系的核心内容。 因此,我们在指标设计时,将政府廉洁度界定为各地市的干部清正程度。 研究发现,各地市被通报的违纪"官员"不仅仅包括公务员,也包括事业单位、国有企业等机构内所有行使公权力的人员,因此将机关和事业单位就业人员总和作为基数进行分析,以一个地区被纪检监察部门查处的官员占国家工作人员的比例来测评该地区的干部清正程度具有一定科学性。

根据测算结果,2019 年政府廉洁度指数最高的城市是嘉兴,这很大程度上取决于其在反腐领域推行的各项有力举措:第一,嘉兴推出运用"三个抓手",斩断关系"利益链"等有效举措。 一是抓正风肃纪,针对"不吃公款吃老板"、接受企业节礼等"四风"隐形变异问题,以明察暗访、突击回访等形式常态化正风肃纪;二是抓企业服务监督,对"最多跑一次"改革、小城镇综合整治、"三服务"活动等中心工作推进情况开展纪律监督,严防吃拿卡要及项目审批、工程招投标等领域违纪问题发生;三是抓利益冲突排查,开展防止利益冲突专项清理。 第二,嘉兴依托"三大平台",搭建工作"连心桥"。通过畅通企业信访"直通车"、连起调研服务"新纽带"、搭建党建交流"连心桥"等方式,不断加强党风廉政建设。 第三,嘉兴还不断创新反腐机制,通过建立"三项机制",即法纪教育责任制、创新推出"清廉驿站"、创新推进"查摆报告"等方式,念好纪律"紧箍咒",致力于打造"清白"的政商关系。

在其余地市中,杭州、宁波等地的政府廉洁度水平也相对较高,这一定程度上是因为其机关事业单位就业人员数远远超过其他地市,相对基数较大,故违纪违规人员占比数下降,廉洁度指标值较高。 而廉洁度指标值最低的衢州,一方面是由于其机关事业单位就业人员数量基数较小,另一方面则由于官员违纪违规情况相对较高,因此排名较差。

（2）相关政策建议

总的来看，浙江省 11 个地市在政府廉洁度指标上仍有进一步提升的空间。 在提升政府廉洁度方面，政府应真正理解"清"的含义，这既包括官员的廉洁清正，也包括官员的担当作为。 结合上述分析，为了进一步提升浙江省政府廉洁度，优化营商环境，我们提出以下对策建议：

第一，强化反腐倡廉宣传教育，促进廉政文化建设。 坚持不懈地在领导干部及公务人员中开展廉洁从政教育，促使国家工作人员增强廉洁自律意识，在广大市民中开展反腐倡廉宣传，发挥典型案件的教育作用，增强公众的法治观念和对国家机关、国家工作人员廉洁从政的监督意识，推动全社会形成崇尚廉洁的良好风尚。 主要通过新闻媒体报道、召开先进事迹报告会、拍摄影视作品等形式，宣传党员干部和国家工作人员中的先进典型事迹，发挥典型案件的教育作用。 建立廉政教育基地，编写廉洁从政教育图书，有针对性地开展岗位廉政教育和培训，使廉洁从政教育成为干部教育培训的重要内容。此外，在地方的廉政文化建设中，深入挖掘本地人文特色，着力打造具有浓郁地方特色的廉政文化品牌，力求在广大干部群众中营造浓厚的廉政舆论氛围。

第二，重视反腐败建设和廉政机制建设。 大力加强制度建设，坚持用制度规范各单位、各部门的组织行为，规范领导干部的从政行为，逐步强化党员干部的制度意识，努力营造自觉遵守和严格执行制度的良好氛围，实现以制度管人、以制度管事、以制度管权，进一步形成党委统一领导、党政齐抓共管、纪委组织协调、部门各负其责、依靠群众支持和参与的反腐败领导和工作机制。 同时，加快行政改革，主要包括深化行政审批制度改革，加快推进政企分开、政资分开，推进干部人事制度改革，深化司法体制和工作机制改革，推进财政管理体制、投资机制与金融机制等改革。

第三，坚持依法反腐，完善权力制约和监督体系。 逐步建立健全决策权、执行权、监督权既相互制约又相互协调的权力结构及其运行机制，推进权力运行程序化和公开透明化，加强对权力的制约和监督。 完善廉政法律法规体系，重视发挥规章制度的约束和保障作用，不断推进反腐败建设和廉政建设法制化、规范化，同时建立反腐倡廉的长效机制，包括建立民主开放机制，完善组织部门民主评议体系，健全干部监督工作机制，健全强化预防、及时发现、严肃纠正的干部监督体系等。

第四，加大案件查处力度，保持惩治腐败的高压态势。依法依纪查处腐败案件，是惩治腐败最直接最有效的手段。采取有力举措着力解决形式主义、官僚主义、部门本位主义和不作为、慢作为等损害政商关系的突出问题。着重查办领导干部利用人事权、司法权、行政审批权、行政执法权等搞官商勾结、权钱交易、索贿受贿的案件，为黑恶势力充当"保护伞"的案件，严重侵害群众利益的案件，群体性事件和重大责任事故背后的腐败案件。对严重破坏市场发展有序关系，损害企业、群众利益的典型事件，做到严肃问责、公开曝光、绝不手软、绝不护短。

4.2 浙江省政府透明度分析

4.2.1 浙江省政府透明度评估结果分析

(1)浙江省政府透明度指标说明

2019 年版政府透明度指标与 2018 年保持一致，下设信息公开和财政透明 2 个二级指标。其中，信息公开指标指各地市对公民依法依规提交的信息公开申请的办结情况，数据主要来源于各市 2019 年政府信息公开工作年度报告。财政透明指标指的是各地市政府按照全口径、一站式、用户友好原则对财政信息进行公开的情况，数据主要来源于清华大学公共经济、金融与治理研究中心发布的《2019 年中国市级政府财政透明度研究报告》。具体指标设置及权重见表 4-2。

表 4-2 政府透明度指标

年份	一级指标(权重)	二级指标(权重)	三级指标	数据来源
2019	政府透明度(0.3)	信息公开(0.5)	信息依申请办结情况	政府信息公开年报
		财政透明(0.5)	财政透明度	清华研究报告

(2)浙江省政府透明度总体结果分析

浙江省 11 个地市的政府透明度指标平均值为 87.61，较 2018 年提高 0.30，舟山、衢州、温州、丽水、宁波、嘉兴 6 个地市的指标值高于全省平均水平，占比为 54.55%。从分组情况来看，舟山、衢州、温州的指标值均在 90 以上，构成第一梯队；丽水、宁波、嘉兴、金华、杭州、湖州、台州的指标值在 80—90 之间，构成第二梯队；绍兴的指标值低于 80，构成第三梯队。具体情况见图 4-3。

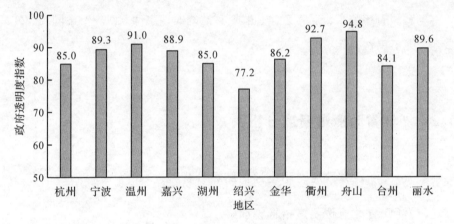

图 4-3　2019 年浙江省各地市政府透明度指标

从排名变动情况来看，嘉兴的排名与 2018 年持平，位于全省第六名；温州、湖州、绍兴、衢州、舟山、丽水都有所进步，其中温州和丽水进步最大，排名均上升 5 位；杭州、宁波、金华、台州排名有所下降，其中杭州下降 1 位，宁波下降 4 位，金华和台州均下降 5 位（见表 4-3）。

表 4-3　浙江省各地市政府透明度排名变动情况

地市	政府透明度		
	2018 年排名	2019 年排名	排名变动
杭州	7	8	−1
宁波	1	5	−4
温州	8	3	5

地市	政府透明度		
	2018 年排名	2019 年排名	排名变动
嘉兴	6	6	0
湖州	10	8	2
绍兴	11	10	1
金华	2	7	−5
衢州	3	2	1
舟山	5	1	4
台州	4	9	−5
丽水	9	4	5

评估发现：

第一，浙江省 11 个地市政府透明度总体水平有所提高。 2018 年浙江省 11 个地市政府透明度指标平均值为 87.30，2019 年为 87.60，较 2018 年提升0.30。 这表明在政府改革的推动下，浙江省政府透明度的总体水平有所提升。

第二，浙江省各地市政府透明度的差距有所缩小。 2018 年浙江省 11 个地市政府透明度指标值的标准差为 7.50，2019 年缩小至4.60。 这表明 2019 年各地市都较为重视政府透明度建设，从而使各地市之间差距明显缩小。

(3)进一步观察与分析

①政府财政透明分析

在财政透明方面，指标值最高的城市是杭州，为 100.00，得分最低的城市是湖州，仅为 70.00。 浙江省 11 个地市财政透明度指标平均值为 88.50，杭州、宁波、舟山、温州、衢州、嘉兴、金华这 7 个地市的指标值都高于全省平均水平，占比为63.64％。 从分组情况来看，依据 2019 年浙江省政府财政透明度指标评估结果，可以将浙江省 11 个地市划分为 3 个梯队，第一梯队为指标值在 90 以上的地市，包括杭州、宁波、舟山、温州、衢州、嘉兴 6 个地市，平均值为 94.08，占比为 54.55％；第二梯队为指标值在 80－90 之间的地市，包括金华、台州、丽水 3 地，平均值为 87.03，占比为 27.27％；第三梯队为指标值在 80 以下的地市，包括绍兴、湖州两地，平均值为 74.10，占比为 18.18％（见表 4-4）。

表 4-4　浙江省 11 个地市政府财政透明度得分及排名

地市	百分制值	排名
杭州	100.00	1
宁波	94.70	2
舟山	94.20	3
温州	93.20	4
衢州	92.40	5
嘉兴	90.00	6
金华	88.90	7
台州	87.50	8
丽水	84.70	9
绍兴	78.20	10
湖州	70.00	11

浙江省 11 个地市指标平均值：88.50

2018 年浙江省各地市政府财政透明度指标平均值为 85.50，2019 年政府财政透明度指标平均值为 88.50，提升了 3.00。具体来看，财政透明指标涉及以下方面：

在纳入预算的机构和部门的全面性方面，杭州、温州、衢州、丽水、绍兴共 5 个地市均得到满分（50），表明这些地市在预算纳入主体方面表现良好，市政府机构、共产党市委、市人大、市政协、民主党派和工商联、群众团体、市属企事业单位等已经全部纳入公开主体，且对各类主体结构、职能及其与财政之间的关系做了详细阐述。嘉兴、舟山、湖州、台州、宁波共 5 个地市处于中等水平。金华得分最低，仅为 41 分（见图 4-4）。

在市级政府预算与预算执行情况公开方面，得分最高的城市是台州，为 330.00（满分 340），得分最低的城市是绍兴，仅为 160.50，浙江省 11 地市

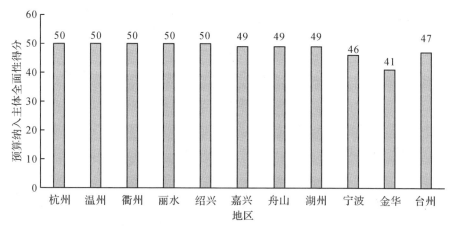

图 4-4　浙江省 11 个地市预算纳入机构和部门得分

平均得分为 293.30，台州、杭州、舟山、温州、宁波、衢州、嘉兴 7 个地市得分高于全省平均水平，占比为 63.64%。 从分组情况来看，可以将浙江省 11 地市划分为 3 个梯队，第一梯队为得分在 320 以上的地市，包括台州、杭州、舟山 3 个地市，平均得分为 326.330，占比为 27.27%；第二梯队为得分在 290—320 之间的地市，包括温州、宁波、衢州、嘉兴、丽水 5 地，平均得分为 304.70，占比为 45.45%；第三梯队为得分在 290 以下的地市，包括金华、湖州、绍兴 3 地，平均得分为 241.33，占比为 27.27%（见表 4-5）。

表 4-5　浙江省 11 个地市政府预算与预算执行得分及排名

地市	得分（满分 340）	排名
台州	330.00	1
杭州	327.00	2
舟山	322.00	3
温州	312.00	4
宁波	311.50	5
衢州	309.00	6
嘉兴	301.00	7
丽水	290.00	8
金华	288.50	9
湖州	275.00	10
绍兴	160.50	11
浙江省 11 个地市平均得分：293.30		

②政府信息公开分析

在信息公开方面,指标值最高的城市是湖州,为100,指标值最低的城市是杭州,仅为70。浙江省11个地市该指标平均值为86.70,湖州、舟山、丽水、衢州、温州、嘉兴6个地市的指标值高于全省平均水平,占比为54.55%。从分组情况来看,依据2019年浙江省政府信息公开评估结果,可以将浙江省11个地市划分为3个梯队:第一梯队为指标值在90以上的地市,包括湖州、舟山、丽水、衢州4个地市,平均值为95.75,占比为36.36%;第二梯队为指标值在80—90之间的地市,包括温州、嘉兴、宁波、金华、台州5地,平均得分为84.90,占比为45.45%;第三梯队为指标值在80以下的地市,包括绍兴、杭州两地,平均得分为73.05,占比为18.18%(见表4-6)。

表4-6 浙江省11个地市政府信息公开度得分及排名

地市	百分制值	排名
湖州	100.00	1
舟山	95.40	2
丽水	94.60	3
衢州	93.00	4
温州	88.70	5
嘉兴	87.70	6
宁波	83.90	7
金华	83.40	8
台州	80.80	9
绍兴	76.10	10
杭州	70.00	11

浙江省11地市平均得分:86.70

2019年湖州市信息公开指标值为100.00,在浙江省11个地市中排名第一。通过分析发现,2018年湖州市政府收到公民信息公开申请共827条,按时办结率为100%。湖州排名靠前,与其针对政务公开所推行的一系列探索紧密相关:在公开目录体系方面,湖州着力推进全市政务公开工作标准化建设，从"决策、执行、管理、服务、结果"5个维度进行科学编制，形成对政府行为全流程覆盖的主动公开基本目录；在公开领域方面，湖州以"三定方案"、权责清单为基准，梳理出覆盖政府权责全领域的254个公开事项的主体、内容、时限和公布方式等；在公开主体方面，湖州坚持"纵向到底、横向到边"原则，广泛覆盖市、区县、乡镇（街道）三级政府，以及34个市级部门和154个区县级部门。

杭州2019年收到的公民信息公开申请共7446条，另有2018年结转信息公开申请152条，当年共办结7171条，办结率为94.38%。由此可见，杭州信息公开指标值相对较低的原因如下：一方面，由于其收到的公民信息公开申请数量过多，业务量较大。另一方面，杭州在信息公开中仍存在一定问题：第一，信息公开主动性不足，即一些部门缺少从公众视角开展公开工作的意识，在信息公开的广度、深度、精度及回应度上存在不足；第二，政务信息公开的便利性有待提升，即政务公开渠道的多样化提升了信息公开的开放度，但同时导致大量碎片化的信息分散在各个平台，信息公开的系统化、集成化水平不足；第三，政务信息公开的实效性有待加强，即信息公开"重形式轻内容"的现象在一定程度上仍然存在。

4.2.2 基于评估结果的观察与建议

综合以上分析，可以发现2019年浙江省政府透明度较2018年有所提升，且区域间差距在不断缩小，透明政府建设系列改革取得了一定成效。进一步来看，浙江省11个地市在政府信息公开和财政透明方面仍有进一步提升的空间。为了进一步提升浙江省政府透明度，提出以下对策建议：

第一，进一步注重对标对表，推进一般公开向品质公开转变。各地市紧紧围绕新时代政务公开的新定位，对标国家和省有关工作要求及政务公开第三方评估、指数测评指标，指导各市各级各部门进一步牢固树立以人民为中心推进新时代政务公开的理念；进一步加强信息公开工作的组织领导和队伍建设，切实提升工作人员的专业能力和工作水平；充分发挥其积极性、主动性、创造性，在让公开成为自觉、让透明成为常态的基础上，既做到政府信息公开与各项业务工作高度融合，又注重从市场的视角推动政务公开工作，从公众的视角去谋划、审视和优化公开的内容，以"接地气"的群众语言进行政策解读。

第二，进一步注重归集整合，推进分散公开向便民公开转变。 充分运用"互联网＋政务服务"，加快政府门户网站改版升级，加大资源整合力度，切实发挥门户网站第一平台作用，集约化、规范化展示各类信息；积极运用政务新媒体推进政务公开，建立健全政务新媒体规范管理工作机制，整合现有政务新媒体资源，集中力量做优做强主账号，完善各区、县（市）政府和市级单位政务新媒体整体协同、迅速响应的矩阵体系，及时准确地发布权威信息，回应群众关切和社会热点；在以公开促服务方面，依托"浙里办"等移动客户端，进一步推进政务信息和政务服务的融合发展，助力改善营商环境，不断优化信息公开后的服务。

第三，进一步注重量质并举，推进粗放公开向精准公开转变。 大力提高信息公开质量，不断拓展公开内容范围。 结合国务院全面推进基层政务公开标准化、规范化工作的具体要求，进一步科学梳理主动公开事项清单，优化政府信息主动公开目录，并根据国家、省政务公开工作重点，结合各部门实际情况，及时对公开目录进行动态调整，做到政务公开精准、生动、全方位、多形式。 持续加大优化营商环境信息公开力度，针对重点领域和关键环节的政务信息，进一步加大信息公开的精准度。

第四，进一步注重政民互动，推动单向公开向互动公开转变。 各地市建立"走亲连心三服务"机制，市领导和各地各部门负责人到基层、企业、群众中宣讲政策机制，传递权威信息，倾听呼声需求，提供优质服务。 充分运用好政府与公众的互动平台，充分发挥政策吹风会、新闻发布会、网络直播、电视问政等的作用，面对面加强沟通交流，既第一时间发布信息、解读政策，又主动倾听民声、了解民意。

此外，要加强财政这一重点领域的信息公开。 坚持财政信息公开全口径、用户友好、一站式的原则，推动财政信息公开工作提质增效。 一方面要公开纳入预算的机构和部门及其职能，包括所有财政资金主体的名称、职能及组织机构结构图或列表；另一方面要细化财政信息公开内容，既包括一般公共预算、政府性基金预算、国有资本经营预算和社会保险基金预算等内容，又涉及政府性债务、"三公"经费、政府采购和大额专项资金等重点领域信息公开。

4.3 浙江省政府廉洁感知度分析

4.3.1 浙江省政府廉洁感知度评估结果分析

(1)指标说明

一级指标政府廉洁感知度由二级指标对廉洁的感知度,以及 2 个三级指标——创业者对廉洁的感知度和专业人士对廉洁的感知度构成。 根据测算结果,浙江省 11 个地市的政府廉洁感知度指标平均值为 88.67,其中排名前 3 位的是舟山、绍兴、宁波;而衢州排名最低,指标值仅为 70.60(见图 4-5)。

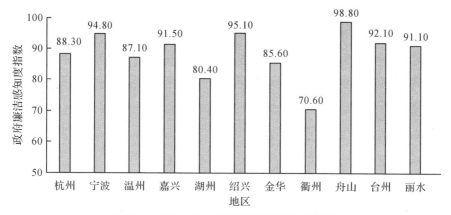

图 4-5 **2018 年浙江省各地市廉洁感知度指数**

2019 年浙江省新型政商关系评估指标体系中一级指标政府廉洁感知度下的二级、三级指标的数据,源自浙江工商大学浙商研究院所做的 2018 年版《浙江创业观察》。 该项调查每两年开展一次。 2020 年的调查受到新冠肺炎疫情影响没有开展,故本次评估仍旧沿用 2018 年版数据;而为了增强评估的科学性,在本次评估中增加了一个三级指标"专业人士对廉洁的感知度",该数据源自浙商研究院的调查(见表 4-7);与此同时,我们适当调整了 2018 年版数据在指标体系中的权重。

表 4-7　2018 年和 2019 年评价指标体系中一级指标政府廉洁感知度的对比

年份	一级指标(权重)	二级指标(权重)	三级指标	数据来源
2018	政府廉洁感知度(0.2)	创业者对廉洁的感知度(1)	创业者对廉洁的感知度	浙商研究院调查数据
2019	政府廉洁感知度(0.2)	对廉洁的感知度(1)	创业者对廉洁的感知度	浙商研究院调查数据
			专业人士对廉洁的感知度	浙商研究院调查数据

(2)分指标情况说明

①创业者对廉洁的感知度

为指数化刻画对政府廉洁的感知,由浙江工商大学浙商研究院牵头,零点集团执行的 2018 年浙江省成人创业状况调查服务项目启动。 课题组于 2018 年 7 月到 9 月,历时 64 天时间,以城市为单位,调查了浙江省 11 个地市,完成 1860 份样本的取样,并按浙江省 11 个地市人口比例取得创业者样本 982 份[①]。

对廉洁的感知度计算方法如下:对廉洁的感知度＝1－各选项人数总和/(被调查人数×8),所得数据再转化为百分制值。 我们对创业者提出的问题是:"您认为,当前政商关系中存在的主要问题是什么? （可多选,最多选 4 项）"11 个地市的测算结果及指标化后数值见表 4-8,调查中各问题分布结果见图 4-6。 创业者对于当下政商关系的总体感知中,最突出、反映比例最高的 3 个问题是:"官商勾结仍然存在""党政干部懒政、不作为"和"企业办事难、办事繁问题仍然突出",分别占比 42.96%、41.48%和 30.00%。 我们将进一步展开分析这 3 个重点问题在浙江 11 个地市的情况。

---

① 浙商研究院报告:《针对浙江创业人群政商关系感知和诉求构建新型政商关系的对策与建议》,2018 年 11 月 13 日,未公开发表。

表 4-8   2019 年浙江省各地市创业者对廉洁感知度的测算结果

地市	创业者对廉洁的感知度	指标化后数值
杭州	0.746	87.00
宁波	0.811	95.90
温州	0.755	88.30
湖州	0.779	91.50
嘉兴	0.706	81.60
绍兴	0.813	96.20
金华	0.746	87.00
衢州	0.622	70.00
舟山	0.840	100.00
台州	0.793	93.50
丽水	0.792	93.40

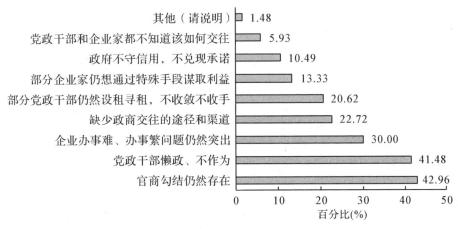

图 4-6   创业者对于当下政商关系的总体感知

从图 4-7 中可以看出，衢州、杭州、金华 3 市均有超过 50% 的创业者认为仍然存在官商勾结问题，表明该问题在所在地十分严重；嘉兴、绍兴、宁波、温州、湖州 5 市的创业者对该问题的认同比例均超过 1/3，说明该问题在所在地较为严重；舟山、丽水 2 市认为仍有官商勾结问题的创业者不足 1/3，表现较好。

从图 4-8 中可以看出，温州、丽水 2 市均有超过 50% 的创业者认为该地存在"党政干部懒政、不作为"现象，占比较高，说明情况较为严重；舟山、嘉

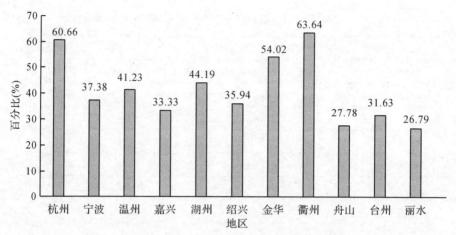

图 4-7 选项"官商勾结仍然存在"在浙江省 11 个地市所占比例

兴 2 市该选项的比例不足 30％，杭州该选项的比例为 30.33％，表现均较好；其余 7 个地市有 40％－50％的创业者认为存在"党政干部懒政、不作为"的现象，得分较为平均。

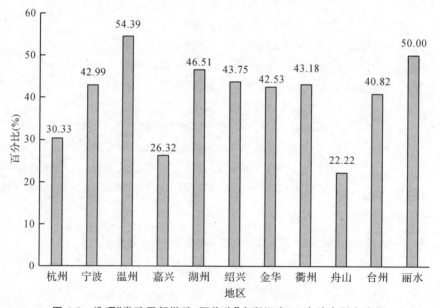

图 4-8 选项"党政干部懒政、不作为"在浙江省 11 个地市所占比例

从图 4-9 中可以看出，衢州和湖州 2 市的"企业办事难、办事繁问题仍然突出"情况较为严重，其中衢州的创业者超过半数认为存在该问题；舟山表现最为优异，只有约 1/6 的创业者认为存在该问题；丽水和杭州的受访者认为该问题存在的比例在 30％－40％区间内，嘉兴、台州、金华、温州、绍兴、宁波 6 个地市的创业者反映该问题的比例在 20％－30％的区间内。

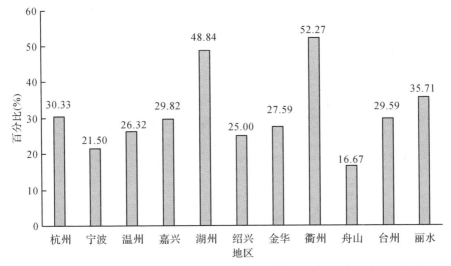

图 4-9　选项"企业办事难、办事繁问题仍然突出"在浙江省 11 个地市所占比例

　　上述图表分析了浙江创业人群政商关系廉洁感知度中的突出问题，接下来我们要寻找浙江创业人群认为政商关系不"清"的原因。 图 4-10 的调查结果显示，各项原因中最突出的是 "市场不规范，钻空子好发展"，得到了 46.54％的创业者的认同。 即在缺乏完善的市场制度的情况下，创业者为了让企业发展、获得商业利益，认为钻空子是最好的途径。 排在第二位的是"政务服务不公开、不透明，官员设租寻租"，占比达34.32％，超过1/3，这说明当前浙江省政务服务工作建设的公开透明度需要进一步提高，仍有较为艰巨的工作要做。 排在第三位的是 "反映和解决问题的渠道不通畅"，占比达 27.90％，与前文中政府亲近感知度存在的问题类似，可见沟通渠道方式问题的解决是提高政商关系感知度的重要环节。

　　②专业人士对廉洁的感知度

　　为了在一定程度上克服 2020 年未开展创业调查而缺失一手数据所带来的真实度问题，本次评估增加了专业人士对廉洁的感知度指标[①]。 主要方法是

――――――――――――――

① 该方法存在一定的主观性，故本次评估控制了其所占权重。

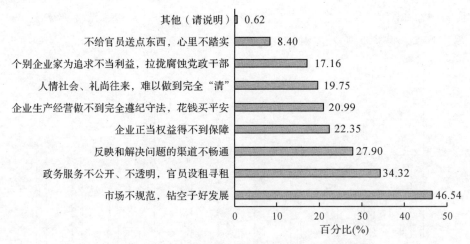

图 4-10 从企业家角度来看,政商关系不"清"的原因

通过对从事浙商研究的学者、政府部门及企业界人士进行调查问卷,获得其对于各地市政府廉洁的主观感知度。问卷按照 1－5 分进行赋分,分别表示不廉洁、稍微廉洁、一般廉洁、较为廉洁、十分廉洁;再经过指标化处理后,获得该指标的数值。结果如表 4-9 所示。

表 4-9 专业人士对廉洁的感知度

地市	专业人士对廉洁的感知度	指标化后数值
杭州	4.45	100.00
宁波	3.89	85.00
温州	3.56	76.00
湖州	4.11	91.00
嘉兴	3.34	70.00
绍兴	3.89	85.00
金华	3.45	73.00
衢州	3.56	76.00
舟山	4.00	88.00
台州	3.67	79.00
丽水	3.34	70.00

从该项调查研究中可见,专业人士对于杭州、湖州、舟山等地政府的廉洁感知较为强烈,指标值都大于或等于 4,可以认为这 3 地的政府廉洁感知处于较为廉

洁与十分廉洁之间；宁波、绍兴、台州、温州、衢州、金华、丽水、嘉兴等地的指标值位于 3 与 4 之间，表示专业人士对政府廉洁的感知处于一般廉洁与较为廉洁之间，其中丽水、嘉兴、金华等地的指标值不足 3.50，表现相对一般。

该项调查与我们所做的创业者调查结果存在一定的偏差，特别是湖州、丽水、台州等地，两方面结果差别较大，说明专业人士对政府廉洁的感知同创业者对政府廉洁的感知之间还有一定差别，需要进一步将两方面因素综合起来考量。

4.3.2 基于评估的观察与建议

(1)基于评估结果的观察分析

政府廉洁感知度直接涉及"亲清"政商关系的"清"这方面，而且是新型政商关系构建的直接感受。政府在构建新型政商关系时不仅要自己做得好，也要让企业感受得到。我们的评估发现，当前浙江省 11 个地市在政府廉洁感知度指标上还存在较大差异，表现较好的是舟山、绍兴、宁波，而衢州的指标值最低。我们将从"做与感受的差别"和"感受到哪些没做好"两个方面，基于评估结果来展开分析。

①政府的廉洁透明与企业对其的感知度

表 4-10 列出了浙江省 11 个地市政府廉洁度与政府透明度，以及政府廉洁感知度的指标值及排名。我们可以看出，在政府构建新型政商关系的努力与企业的直观感受——政府廉洁感知度上，还存在一定的差异。我们把政府廉洁度和政府透明度指标值的排名进行加总后予以平均，得出政府构建新型政商关系努力的综合排名，再与政府廉洁感知度指标值的排名进行比较，然后分成 3 类进行讨论。

表 4-10　浙江省 11 个地市政府廉洁度、政府透明度与政府廉洁感知度的指标值及排名

地区	政府廉洁度	排名 1	政府透明度	排名 2	排名(1+2)	政府廉洁感知度	排名 3
杭州	94.0	4	85.0	8	6	88.3	7
宁波	94.0	3	89.3	5	4	94.8	3
温州	70.7	10	91.0	3	7	87.1	8

地区	政府廉洁度	排名1	政府透明度	排名2	排名(1+2)	政府廉洁感知度	排名3
嘉兴	100.0	1	88.9	6	4	91.5	5
湖州	76.0	9	85.0	8	9	80.4	10
绍兴	95.1	2	77.2	11	7	95.1	2
金华	76.7	8	86.2	7	8	85.6	9
衢州	70.0	11	92.7	2	7	70.6	11
舟山	85.3	5	94.8	1	3	98.8	1
台州	77.2	7	84.1	10	9	92.1	4
丽水	81.1	6	89.6	4	5	91.1	6

第一类,政府努力综合排名与政府廉洁感知度排名基本吻合,包括杭州、宁波、温州、湖州、嘉兴、金华、丽水,排名只相差1位。这说明政府在廉洁和透明建设方面的努力,让企业充分感知到了,政府的工作落到了实处,取得了积极成效,实现了"做到了,也被看到了"。

第二类,政府努力综合排名大大超出政府廉洁感知度排名。这个类别里只有衢州,排名相差4个位次。这说明当地政府的廉洁与透明,没能得到企业的感知,即"做到了,却没有被看到"。我们认为:一方面,可能是企业对于衢州市政府的廉洁度与透明度有种固有意识,一时还难以转变;另一方面,可能是衢州市政府在廉洁透明方面、在宣传和让公众感知方面所做的努力还不够。

第三类,政府努力综合排名远远低于政府廉洁感知度排名,包括绍兴、台州、舟山3个地方。这说明企业的感知高于政府的实际所为,主要可能是企业要求不高,对于政府的努力有着超额的感知。特别是绍兴和台州,综合排名与政府廉洁感知度指标值的排名都相差5位,说明当地政府可能在宣传上较为有效,使得表现与感知出现"倒挂",也说明在这两个民营经济较为发达的地区,民营企业家并不太在乎政府的廉洁透明状况。

②廉洁感知中的重点内容

从我们对创业者调研的数据来看,当前浙江省企业家认为的党政干部不"清"企业(家)的表现主要有"官商勾结仍然存在""党政干部懒政、不作为""企业办事难、办事繁问题仍然突出",比例均超过 30%;而在导致企业家和政府部门关系不"清"的原因中,"市场不规范,钻空子好发展""政务服务不公开、不透明,官员设租寻租""反映和解决问题的渠道不畅通"这 3个原因,比例均超过 1/4。 具体情况见表 4-11。

表 4-11 政商关系不"清"的表现与原因

创业者对于当下政商关系的总体感知	占比(%)	创业者看政商关系不"清"的原因	占比(%)
官商勾结仍然存在	42.96	市场不规范,钻空子好发展	46.54
党政干部懒政、不作为	41.48	政务服务不公开、不透明,官员设租寻租	34.32
企业办事难、办事繁问题仍然突出	30.00	反映和解决问题的渠道不畅通	27.90
缺少政商交往的途径和渠道	22.72	企业正当权益得不到保障	22.35
部分党政干部仍然设租寻租,不收敛不收手	20.62	企业生产经营做不到完全遵纪守法,花钱买平安	20.99
部分企业家仍想通过特殊手段谋取利益	13.33	人情社会、礼尚往来,难以做到完全"清"	19.75
政府不守信用,不兑现承诺	10.49	个别企业家为追求不当利益,拉拢腐蚀党政干部	17.16
党政干部和企业家都不知道该如何交往	5.93	不给官员送点东西,心里不踏实	8.40
其他	1.48	其他	0.62

我们可以看出,当前浙江省新型政商关系中不"清"的表现与原因有着较好的对应关系。 集中表现在 3 个方面:

第一,规则不明确导致政商关系难"清"。 尽管浙江省社会主义市场经济发展水平较高,营商环境总体处于全国前列[1],但我们在对创业者的调查过程中仍发现很多地区存在由于规则不明确而导致的"官商勾结""钻空子"

---

[1] 比如,中国财富网联合万博新经济研究院共同推出的《2018 中国营商环境指数报告》显示,在 2018 年中国 31 个省级行政区(不包括香港特别行政区、澳门特别行政区和台湾地区)的营商环境指数排名中,浙江仅次于上海、北京、江苏,位列全国第四。

"上下其手"等行为，使得政商关系没能做到"清"。部分创业者表示，虽然这些"勾结""钻空子"可能给自己带来一时的利益好处，但他们也担心党政干部不守信用、不兑现承诺，甚至害怕其"出事"而受到牵连。因此，我们认为政商关系"清"方面的建设，首先要解决规则体系完善的问题。

第二，党政干部权力过大导致政商交往难"清"。多数接受调研的创业者表示，自己在与党政干部交往过程中基本处于弱势地位，一方面害怕党政干部懒政、不作为而使自己不能过度"贴近"，另一方面害怕其利用权力主动设租寻租并担忧其"出事"而牵连自己。故而，我们认为，政商关系"清"方面的建设，要重视划清市场与政府的边界以限制住党政干部手中的权力，根植"法无授权不可为""法无禁止即可为"理念；同时，要做好权力监督，这既需要纪检监察部门的监督执纪，也需要用好媒体监督。

第三，渠道缺乏使得政商沟通不畅而难"清"。同政商关系不"亲"原因类似，渠道缺乏、沟通不畅也是导致政商关系不"清"的重要原因之一。因此，在做好政企沟通渠道平台的覆盖面、覆盖度建设的同时，还要通过这些沟通渠道平台清楚地将规则体系、权力边界告知公众，让政企交往变得既"亲"也"清"。

(2)相关政策建议

基于上述评价体系做出的评估结果，我们认为，在提升政府廉洁感知度方面，要善用"负面清单""权力清单""责任清单"这3张清单：

一是用"负面清单"确定企业经营范围，明确"法无授权"之处即使寻租也"不可为"，"法无禁止"之处不必寻租也"皆可为"，这是提高廉洁度、做好"清白"的第一步。

二是用"权力清单"来明确政府的行为界限，提高立法技术，尽可能挤压自由裁量权空间，降低官员寻租的可能。

三是用"责任清单"来明确监管范围并加强考核要求，告知企业家，在"法定责任必须为"之下，即使通过寻租手段也不能逃避"必须为"的监管。

5

浙江省新型政商关系分区域分析

5.1 浙北城市群之杭嘉湖地区分析

5.1.1 杭嘉湖地区新型政商关系总体分析

我们将杭嘉湖地区当成一个主体①代入浙江省 11 个地市进行分析（总数变为 12 个），列出了杭嘉湖作为主体及杭嘉湖 3 市的"亲清"指数各指标情况（见表 5-1），并将基于总体和分指标对杭嘉湖地区的新型政商关系情况进行分析。

(1)杭嘉湖地区及所属地市"亲清"指数总体情况

从表 5-1 可以看出，2019 年，杭嘉湖地区的新型政商关系"亲清"指数为 85.10，高于省平均得分（83.30），排名第五，前四位分别是杭州、宁波、嘉兴、舟山；杭嘉湖地区的杭州和嘉兴位列前四（分别为第一和第三），湖州排名靠后，仅在第十一位，可见杭嘉湖地区的新型政商关系总体表现较好，但是

---

① 方法为将杭嘉湖 3 市各指标数值的平均数，作为杭嘉湖主体的指标数值。

湖州地区表现出较为明显的劣势。 在"亲近"指标上，杭嘉湖地区的值为82.00，高于省平均得分（80.30），排名第二，其中杭州地区表现最佳，位列第一，而湖州和嘉兴则分别位列第八和第十，表现较差，可见杭嘉湖地区在"亲近"指数上值较大，主要得益于杭州的优越表现。 在"清白"指数上，杭嘉湖地区的值为88.30，略高于省平均值（86.00），排名第六，表现平平，但嘉兴的"清白"指数为95.00，排名第一，表现亮眼，杭州为90.20，排在第四，表现尚可，而湖州地区以79.60的数值排在第11位，弱化了杭嘉湖地区的总体表现。

表 5-1 杭嘉湖地区整体及所属地市的"亲清"指数各指标排名

一级指标	省平均值	杭嘉湖		杭州		嘉兴		湖州	
		指标值	省排名	指标值	省排名	指标值	省排名	指标值	省排名
政府对企业的服务	87.70	89.90	4	92.90	2	89.70	6	87.00	8
政府对企业的支持	73.10	76.20	3	87.80	1	70.40	10	70.50	9
民营企业活跃度	81.50	81.70	7	85.20	3	69.30	12	90.60	2
政府亲近感知度	85.40	81.70	10	83.10	9	88.40	5	73.50	11
政府廉洁度	83.6	90.00	5	94.00	4	100.00	1	76.00	10
政府透明度	87.60	86.30	7	85.00	9	88.90	6	85.00	10
政府廉洁感知度	88.70	86.70	9	88.30	3	91.50	5	80.40	11
"亲近"指数	80.30	82.00	2	88.30	1	77.80	10	79.80	8
"清白"指数	86.00	88.30	6	90.20	4	95.00	1	79.60	11
"亲清"指数	83.30	85.10	5	89.20	1	86.40	3	79.70	11

(2)杭嘉湖地区及所属地市"亲清"指数下各一级指标情况简述

下面我们从 7 个一级指标来进行分析。 图 5-1 给出了直观展现。

在政府对企业的服务方面，杭嘉湖地区指标值为 89.90，高于省平均值（87.70），排名第四，总体表现较好。 其中，杭州指标值为 92.9，远高于省平均水平，排名第二，在 3 个地区中表现最好；嘉兴指标值为 89.70，高于省平均水平，排名第六；湖州指标值为 87.00，略低于省平均水平，排名第八。

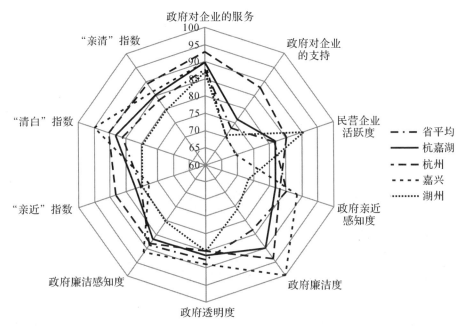

图 5-1　杭嘉湖地区及其所属地市"亲清"指数各指标分析

在政府支持方面，杭嘉湖地区指标值为 76.20，高于省平均值
（73.10），排名第三。其中：杭州指标值为 87.80，以高出省平均水平近 15
的优势排名第一；湖州和嘉兴分别排在第九和第十位，其数值分别为 70.50 和
70.40，均低于省平均水平，是拉低杭嘉湖地区整体数值的短板。

在民营企业活跃度方面，杭嘉湖地区指标值为 81.70，略高于省平均水平
（81.50），排名第七，总体表现一般。其中：湖州指标值为 90.60，远高于
省平均水平，排名第二；杭州指标值为 85.30，高于省平均水平，排名第三；
而嘉兴指标值仅为 69.30，远低于省平均水平，排在最后，在总体上拉低了湖
州和杭州在民营企业活跃度方面的优势。

在政府亲近感知度方面，杭嘉湖地区指标值为 81.70，低于省平均水平
（85.40），排名第十，可见政府亲近感知度是杭嘉湖地区的弱项。其中：嘉
兴指标值为 88.40，高于省平均水平，排名第五，表现尚可；杭州和湖州分别
排在第九位和第十一位，其指标值均低于省平均水平，表现欠佳。

在政府廉洁度方面，杭嘉湖地区指标值为 90.00，高于省平均水平
（83.60），排名第五。其中：嘉兴以指标值 100 的绝对优势排在第一，杭州

指标值为 94.00，高于省平均水平，排名第四；湖州指标值仅为 76.00，低于省平均水平，排名第十。 可见杭嘉湖地区在政府廉洁度上总体表现优越，但是湖州在一定程度上拉低了杭嘉湖地区的政府廉洁度指标值。

在政府透明度方面，杭嘉湖地区指标值为 86.30，低于省平均值（87.60），排名第七，总体表现一般。 其中：嘉兴指标值为 88.90，略高于省平均得分，排名第六；杭州和湖州均为 85.00，并列第九。 可见政府透明度是杭嘉湖地区的一块短板。

在政府廉洁感知度方面，杭嘉湖地区指标值为 86.70，低于省平均值（88.70），排名第九，总体上表现平平，可见政府廉洁感知度也是杭嘉湖地区的弱项。 其中：嘉兴指标值为 91.50，高于省平均值，排名第五；杭州指标值为 88.30，略低于省平均值，排名第七；湖州指标值仅为 80.40，远低于省平均值，排在第十一位。

我们根据表 5-1 和图 5-1 进行简单小结：

在各一级指标方面，杭嘉湖地区整体在政府对企业的支持、政府对企业的服务方面表现优异，在政府廉洁度、政府透明度、民营企业活跃度方面表现尚可，而在政府亲近感知度、廉洁感知度方面表现较弱。

从杭嘉湖地区所属地市来看，在政府对企业的服务方面，杭州表现优异，嘉兴表现尚可，而湖州拉低了地区平均水平；在政府对企业的支持方面，杭州表现突出，而湖州、嘉兴拉低了地区平均水平；在民营企业活跃度方面，杭州、湖州表现优异，但嘉兴排名垫底，拉低了地区平均水平；在政府亲近感知度方面，嘉兴表现尚可，杭州、湖州拉低了地区平均水平；在政府廉洁度方面，嘉兴表现优异，排名第一，杭州表现尚可，而湖州拉低了地区平均水平；在政府透明度方面，嘉兴表现尚可，而杭州、湖州分别位列第九和第十，拉低了地区平均水平；在政府廉洁感知度方面，嘉兴表现尚可，杭州和湖州则表现不佳。

5.1.2　杭嘉湖地区新型政商关系的具体分析

为更加清楚、具体地了解杭嘉湖地区整体及其所属地市新型政商关系的构建情况，本节将对各一级指标及其分指标的数值情况进行具体分析，以发现杭嘉湖地区整体及其所属地市在新型政商关系构建中存在的问题与不足，总结相关经验，来支撑下一步政策建议的提出。

（1）政府对企业的服务指标分析结果

根据表 5-2 中的数据，我们可以对政府对企业的服务指标进行分析。杭嘉湖地区在政府对企业的服务方面总体表现尚可，一级指标政府对企业的服务指标值（89.87）高于省平均值（87.70）。三地表现各有长短，杭州表现突出，指标值为 92.90；嘉兴表现尚可，指标值为 89.70；湖州表现较弱，指标值为 87.00，低于省平均值。

进一步分析发现，杭嘉湖三地在该指标下的 2 个二级指标上的表现同样参差不齐。在服务完备与准确度上，杭州表现亮眼，指标值为 95.01，远高于省平均值（86.69），排名第一；嘉兴和湖州的指标值（分别为 84.20 和 81.93）均低于省平均值，表现不尽如人意，拉低了该二级指标的三地平均水平；在二级指标服务成熟与成效度方面，杭嘉湖地区的总体表现处于中上水平，指标值为 92.69，高于省平均值（88.74）。嘉兴在这方面表现突出，指标值为 95.24，排名第二；湖州和杭州的指标值分别为 92.12，90.72，相对较弱，但也处于省平均水平之上。

表 5-2　杭嘉湖地区整体及所属地市政府对企业的服务指标分析

地区	政府对企业的服务	排名	服务完备与准确度	排名	服务成熟与成效度	排名
省平均	87.70	—	86.69	—	88.74	—
杭嘉湖	89.87	4	87.05	6	92.69	4
杭州	92.90	2	95.01	1	90.72	6
嘉兴	89.70	6	84.20	8	95.24	2
湖州	87.00	8	81.93	10	92.12	5

从对上述指标表现的分析中，我们可以看出：

第一，在服务完备与准确度方面，杭州在省内排名领先，需要继续保持这一优势；湖州在政府对企业的服务完备与准确度上，特别是服务方式完备度、服务事项覆盖度、办事指南准确度方面，表现很不理想，改进的空间很大。

第二,在服务成熟与成效度方面,三地表现尚可,但是湖州和杭州在政府对企业的办事事项流程的完整和办事的效率上,特别是在线服务成熟度、在线服务成效度方面,可以进一步着力,以满足企业发展的需要。

第三,整体来看,湖州在政府对企业的服务方面表现不佳,需要全面提升;嘉兴尚有相当大的提升空间,需要强化在政府服务上的共同表现。

(2)政府对企业的支持指标分析结果

这一指标主要考察基础环境(政府财政支出对地区经济贡献及地区社会信用建设情况)、金融环境(地区金融发展水平,包括间接融资、直接融资和民间资本等方面)和税赋环境(地区企业税收负担水平及政府对高新企业的减免税支持情况)。

根据表 5-3 中的数据,我们可以对政府对企业的支持指标进行分析。 杭嘉湖地区在政府对企业的支持方面表现尚可,指标值为 76.23,高于省平均水平(73.06)。 其中杭州为 87.80,位列第一;湖州(70.50)和嘉兴(70.40)分别排在第九和第十位,短板效应明显。 在二级指标方面,杭嘉湖地区的基础环境指标值为77.03,高于省平均水平(73.71),位列第三;金融环境指标值为 77.72,高于省平均水平(69.25),位列第二,表现突出;税赋环境指标值为 73.98,低于省平均水平(76.95),位列第七,表现平平。 由此可见,税赋环境是杭嘉湖地区需要进一步提升的重要方面。

具体来看,在基础环境方面,杭州(88.23)排名第一,表现优异;湖州(73.91)位列第六,表现尚可;嘉兴(68.94)则排在倒数第三,将杭嘉湖地区整体水平拉低。 在金融环境方面,杭州(100.00)依然排名第一,而湖州位列第八,嘉兴排名第六,都拉低了杭嘉湖地区的整体水平。 在税赋环境方面,杭嘉湖地区整体表现都不突出,嘉兴(75.41)排名第六,杭州(73.53)排名第八,湖州(73.01)排名第十,三地均有提升空间。

表5-3 杭嘉湖地区整体及所属地市政府对企业的支持指标分析

地区	政府对企业的支持	排名	基础环境	排名	金融环境	排名	税赋环境	排名
省平均	73.06	—	73.71	—	69.25	—	76.95	—
杭嘉湖	76.23	3	77.03	3	77.72	2	73.98	7
杭州	87.80	1	88.23	1	100.00	1	73.53	8
嘉兴	70.40	10	68.94	10	66.90	6	75.41	6
湖州	70.50	9	73.91	6	66.24	8	73.01	10

通过对上述指标的分析，我们可以看出：

第一，杭州是杭嘉湖地区在政府对企业的支持方面表现最好的，但也要看到，湖州整体排名靠后是因为其基础环境和金融环境表现较差，税赋环境指标值低于省平均水平，因此，湖州今后要扎实做好这一方面的工作。

第二，从杭嘉湖地区政府对企业的支持的总体表现来看，嘉兴明显拖后腿了。在基础环境、金融环境、税赋环境这3项指标中，嘉兴的指标值都低于省平均水平，因此其需要全面提升政府支持力水平，特别是要从基础环境入手进行提升。

第三，湖州的综合表现比嘉兴稍好些，但仅有0.10的优势，3项指标的值分别排名第六、第八和第十，除了基础环境指标与省平均水平基本持平，其余2项均是其薄弱之处，因此需要继续提升其在政府支持力方面的表现。

(3)民营企业活跃度指标分析结果

企业活跃度是政府服务力、政府支持力的重要"产出"，是政商关系建设的直观反映。在民营企业活跃度一级指标下，我们只设置了民营企业活跃度这1个二级指标，其下设置了创业活跃度、专业人士对企业活跃度的感知度和新增企业增长率这3个三级指标。

表5-4显示，杭嘉湖地区整体的民营企业活跃度指标值为81.68，略高于省平均水平（81.47）。其中：湖州（90.57）、杭州（85.20）分别排在第二、第三位，表现均佳；嘉兴（69.27）排在最末位，大大减弱了杭嘉湖地区的整体表现。

表 5-4　杭嘉湖地区整体及所属地市民营企业活跃度指标分析

地区	民营企业活跃度(一级指标)	排名	民营企业活跃度(二级指标)	排名
省平均	81.47	—	81.47	—
杭嘉湖	81.68	7	81.68	7
杭州	85.20	3	85.20	3
嘉兴	69.27	12	69.27	12
湖州	90.57	2	90.57	2

我们调取了杭嘉湖 3 市的创业活跃度、专业人士对企业活跃度的感知度、2019 年新增企业增长率这 3 个指标来进行具体分析。从表 5-5 中的数据来看，在创业活跃度方面，杭嘉湖地区排名第八，杭州、嘉兴、湖州分别排名第六、第十二、第一，可以看出，嘉兴排名垫底，大大拉低了该指标地区的排名；在专业人士对企业活跃度的感知度方面，杭嘉湖地区排名第五，杭州、嘉兴、湖州分别排名第一、第八、第七，杭州的突出表现提高了杭嘉湖地区这一指标的整体排名；在 2019 年新增企业增长率方面，杭嘉湖地区排名第六，杭州、嘉兴、湖州分别排名第五、第十、第四，嘉兴排名在该区域内再次垫底。

表 5-5　杭嘉湖地区整体及所属地市民营企业活跃度指标下的三级指标分析

地区	创业活跃度	排名	专业人士对企业活跃度的感知	排名	2019 年新增企业增长率(%)	排名
杭嘉湖	0.30	8	4.00	5	8.30	6
杭州	0.31	6	4.80	1	9.90	5
嘉兴	0.34	12	3.80	8	−1.10	10
湖州	0.25	1	3.55	7	16.10	4

通过对上述指标表现的分析，我们可以看出：

第一，嘉兴在民营企业活跃度上整体表现比较落后(排名第十二)，特别是其创业活跃度指标值排名垫底，显示出创业活跃度的严重不足，而在政府对企业的服务、政府对企业的支持上，嘉兴分别排名第六和第十，说明政府在政商关系建设上的投入存在一定的不足，而且其在对企业的影响方面成效更是滞后。

第二，湖州与杭州的民营企业活跃度指标值均较高，排名分别为第二和第三，杭州在前述政府服务力和政府支持力方面均有不错的表现，2019年新增企业增长率为9.9%，创业活跃度指标值排名第6，说明政府对企业的支持还是有一定成效的。虽然湖州市政府在政商关系建设上投入相对不足，但是民营企业活跃度指标值处于全省领先水平（排名第二），特别是创业活跃度指标值更是排名全省第一，如果能够进一步加大政府的支持力度，相信其创业势头还能更进一步。

（4）政府亲近感知度指标分析结果

亲近感知度是政府服务力、政府支持力的重要"产出"指标，关系到政商关系建设的体验。一级指标政府亲近感知度由1个二级指标构成，其下有创业者对亲近的感知度和专业人士对亲近的感知度2个三级指标。

由表5-6中的数据可见，杭嘉湖地区整体的政府亲近感知度指标值（81.67）低于省平均水平（85.39），排名第十，是7个一级指标中的弱项。其中，仅嘉兴（88.36）排名第五，在省平均水平之上，而杭州（83.09）排名第九，湖州（73.54）排名倒数第二，是地区中明显的弱势城市。

表5-6　杭嘉湖地区整体及所属地市政府亲近感知度指标分析

地区	政府亲近感知度	排名
省平均	85.39	—
杭嘉湖	81.67	10
杭州	83.09	9
嘉兴	88.36	5
湖州	73.54	11

接下来，我们调取了杭嘉湖3市创业者对亲近的感知度和专业人士对亲近的感知度这2个指标的数据并进行分析。从表5-7中的数据来看，在创业者对亲近的感知度方面，杭嘉湖地区排名第十，其中嘉兴（0.77）排名第六，杭州（0.74）排名第九，而湖州（0.72）排名第十一，是整体政府亲近感知度排名落

后的原因所在。 在专业人士对亲近的感知度方面，杭嘉湖地区排名第五，其中：杭州排名第一，说明专业人士对杭州在亲近方面的感知度较高；而湖州则不太受专业人士的青睐，仅排名第十，拉低了这一指标的地区整体排名。

表 5-7　杭嘉湖地区整体及所属地市政府亲近感知度指标下的三级指标分析

地区	创业者对亲近的感知度	排名	专业人士对亲近的感知度	排名
杭嘉湖	0.74	10	4.05	5
杭州	0.74	9	4.56	1
嘉兴	0.77	6	4.11	4
湖州	0.72	11	3.44	10

通过对上述指标表现的分析，我们可以看出：

第一，杭嘉湖地区在亲近感知方面表现不佳（排名第十），为 7 个一级指标中表现最弱的一项，说明虽然杭嘉湖地区在政府服务力和政府支持力上有一定的投入，但是创业者对政商关系构建的感知不佳，这给了政府一定的提示，说明其仍需要在这一方面加大力度。

第二，在创业者及专业人士对亲近的感知度的差异方面，杭州在专业人士对政府亲近的感知度这一指标中表现优异（排名第一），但是在创业者心中缺乏亲近感；嘉兴同样是专业人士的感知度稍高而创业者的感知度平平；湖州则两项表现均较落后，不管是创业者还是专业人士都对政府缺乏亲近感，而且政府服务力和支持力相对落后，这提示政府需要进一步努力推动政商关系建设。

(5)政府廉洁度指标分析结果

本一级指标下设干部清正这一二级指标，旨在通过对查处官员及违规违纪情况的分析，来反映某地政府的廉洁度。 表 5-8 中的数据显示，杭嘉湖地区整体的政府廉洁度指标值（89.99）高于省平均水平（82.73），排名第五，总体表现较好。 其中：嘉兴（100.00）排名第 1，表现颇佳；杭州（93.98）排名第四，表现尚佳；湖州（75.99）低于省平均水平，排名第十，部分拉低了地区的整体排名水平。

表5-8　杭嘉湖地区整体及所属地市政府廉洁度指标分析

地区	政府廉洁度	排名	干部清正	排名
省平均	82.73	—	82.73	—
杭嘉湖	89.99	5	89.99	5
杭州	93.98	4	93.98	4
嘉兴	100.00	1	100.00	1
湖州	75.99	10	75.99	10

分析上述指标表现，我们可以看出，提升杭嘉湖地区政府廉洁度的关键在于湖州。 2019—2020年，湖州相继出台了关于"清廉供销""清廉银行""清廉工程""清廉机关"建设的文件，旨在全方位推进清廉湖州建设。 我们相信在湖州的清廉建设下，杭嘉湖地区的政府廉洁度排名将会有所提升。

(6)政府透明度指标分析结果

本指标旨在测度政府运行的透明度情况，共设置信息公开、财政透明2个二级指标。 表5-9中的数据显示，杭嘉湖地区整体的政府透明度指标值为86.29，低于省平均水平（87.62），排名第七。 杭嘉湖3市的表现均不突出，其中嘉兴（88.88）排名第六，表现尚可，而杭州和湖州指标值均为85.00，排名并列第九。

我们进一步来看2个二级指标的具体情况。 在信息公开方面，杭嘉湖地区整体指标值为85.91，低于省平均水平（86.69），排名第七，其主要原因在于杭州（70.00）排名垫底，抵消了湖州的亮眼表现（100.00，排名第一），而嘉兴（87.73）排名第六。 在财政透明方面，嘉兴（90.03）仍处于中间水平，排名第六；杭州表现优异（100.00），排名第一；湖州（70.00）排名垫底，拉低了地区的整体排名。

表5-9　杭嘉湖地区整体及所属地市政府透明度指标分析

地区	政府透明度	排名	信息公开	排名	财政透明	排名
省平均	87.62	—	86.69	—	88.53	—

续　表

地区	政府透明度	排名	信息公开	排名	财政透明	排名
杭嘉湖	86.29	7	85.91	7	86.68	9
杭州	85.00	9	70.00	12	100.00	1
嘉兴	88.88	6	87.73	6	90.03	6
湖州	85.00	10	100.00	1	70.00	12

分析上述指标表现,我们可以看出:

第一,杭嘉湖地区整体政府透明度表现平平的原因是杭州在信息公开方面表现出明显的短板效应,抵消了其在财政透明上的优异表现;而湖州则恰恰相反。两地在这两方面一正一负的表现,使得总体水平反而不如嘉兴地区。

第二,杭州在信息公开方面还需加大力度,补上这块短板,湖州则应将重心移向财政透明方面,嘉兴地区虽然两方面均尚可,但不突出,还需进一步落实好政务信息公开、财政透明等相应举措。

(7)政府廉洁感知度指标分析结果

廉洁感知度是政府廉洁度、政府透明度的重要"感受"指标,关系到政商关系建设的体验。一级指标政府廉洁感知度由对廉洁的感知度这个二级指标构成,其下还有创业者对廉洁的感知度和专业人士对廉洁的感知度2个三级指标。

由表5-10中的数据可见,杭嘉湖地区整体的政府廉洁感知度指标值(86.73)低于省平均水平(88.67),排名第九。其中,嘉兴在3市中表现较好(91.45),排名第五,杭州(88.32)排名第七,湖州(80.43)排名第十一,杭州和湖州的政府廉洁感知度指标值低于省平均水平。

表5-10　杭嘉湖地区整体及所属地市政府廉洁感知度指标分析

地区	政府廉洁感知度	排名	对廉洁的感知度	排名
省平均	88.67	—	88.67	—
杭嘉湖	86.73	9	86.73	9

地区	政府廉洁感知度	排名	对廉洁的感知度	排名
杭州	88.32	7	88.32	7
嘉兴	91.45	5	91.45	5
湖州	80.43	11	80.43	11

　　我们进一步调取了杭嘉湖 3 市创业者对廉洁的感知度和专业人士对廉洁的感知度这 2 个指标的数据并进行分析。从表 5-11 中的数据来看，在创业者对廉洁的感知度方面，杭嘉湖地区排名第十，整体落后，杭州、嘉兴、湖州的排名分别为第八、第六、第十一，湖州地区短板效应明显；在专业人士对廉洁的感知度方面，杭嘉湖地区排名第四，杭州、嘉兴分别位居第一、第二，表现优异，但是湖州排名垫底，大大拉低了该指标整体上的排名。

表 5-11　杭嘉湖地区整体及所属地市对廉洁的感知度指标分析

地区	创业者对廉洁的感知度	排名	专业人士对廉洁的感知度	排名
杭嘉湖	0.74	10	0.40	4
杭州	0.75	8	0.44	1
嘉兴	0.78	6	0.41	2
湖州	0.71	11	0.33	12

　　分析上述指标表现，我们可以看出，在政府廉洁感知度方面，杭嘉湖地区表现不佳，需要进一步加强；从 2 个三级指标的情况来看，杭州和嘉兴在专业人士对廉洁的感知度方面表现较好，需要保持，但同时要进一步提升政府廉洁度在创业者心中的感知度。湖州地区在 2 个三级指标上均表现较差，意味着政府需要在这一方面重点加强。

5.1.3　杭嘉湖地区新型政商关系评估总结与政策建议

（1）当前杭嘉湖地区新型政商关系构建情况总结

　　经过对浙江省杭嘉湖地区新型政商关系"亲清"指数的评估与分析，我们可以对当前杭嘉湖地区新型政商关系的构建情况进行总结分析。下面我们分别总结其强弱项、长短板。

第一，杭嘉湖地区的新型政商关系总体水平较高（"亲清"指数排名第五），反映出该地区在构建新型政商关系的过程中初步将"亲"和"清"做到了实处，其中杭州表现较好（排名第一），是杭嘉湖地区的领头羊，嘉兴次之（排名第三），湖州则明显落后（排名第十一），这意味着湖州在这方面仍有较大提升空间，需加大力度建设新型政商关系。

第二，杭嘉湖地区整体的"亲近"指数水平很高（排名第二），反映出较好的政府服务力与支持力，但是杭嘉湖地区在对政府的亲近感知度上表现得并不太突出。就该项指标来看，杭州表现亮眼（排名第一），仍是杭嘉湖地区的领头羊，湖州次之（排名第八），嘉兴最低（排名第十）。

第三，杭嘉湖地区整体的"清白"指数水平表现一般（排名第六），是拉低"亲清"指数的短板。在该指标上，嘉兴表现突出（排名第一），是杭嘉湖地区的领头羊，杭州次之（排名第四），而湖州则处于垫底位置（排名第十一）。

第四，政府亲近感知度（排名第十）、政府廉洁感知度（排名第九）、政府透明度（排名第七）、民营企业活跃度（排名第七）等一级指标是杭嘉湖地区的弱项，政府对企业的支持（排名第三）是杭嘉湖地区的强项，政府对企业的服务（排名第四）、政府廉洁度（排名第五）等一级指标表现尚可。

第五，在弱项指标政府亲近感知度方面，嘉兴表现相对较好（排名第五），在创业者和专业人士心中的亲近感知度较平衡；杭州虽然总体上表现不佳（排名第九），但在专业人士心中亲近感较高（排名第一），其主要短板在于创业者的亲近感；湖州在两方面均落后，这意味着政府需要加大力度改善政商关系，提高创业者和专业人士的亲近感。

第六，在弱项指标政府廉洁感知度方面，湖州表现较差（排名第十一），杭州没有达到省平均水平（排名第七），嘉兴也仅排名第五。进一步分析其下2个三级指标，与政府亲近感知度指标相似，杭州的专业人士对廉洁的感知度指标值较高（排名第一），而创业者对廉洁的感知度较弱，从而大大拉低了其一级指标值的排名；在嘉兴地区，同样是专业人士对廉洁的感知度指标值（排名第二）高于创业者对廉洁的感知度指标值（排名第六）；湖州则再一次落后，专业人士和创业者对廉洁的感知度指标值分别排倒数第一、倒数第二。

第七，在弱项指标政府透明度方面，嘉兴表现一般，排在第六，信息公开、财政透明这2个二级指标值的排名均处于中间位置（均为第六）；杭州在财政透明方面表现优异（排名第一），而信息公开指标值排名垫底；湖州则相反，在信息公开方面表现不俗（排名第一），但在财政透明方面垫底；杭州、湖州在2个二级指标上一正一负的表现，使得杭嘉湖地区总体上排名落后。

第八，在弱项指标民营企业活跃度方面，湖州表现突出（排名第二），杭州紧随其后（排名第三），而嘉兴在这一方面表现明显薄弱，排名垫底，直接导致了杭嘉湖地区整体在这一指标上的相对落后。进一步分析可知，嘉兴创业活跃度指标值垫底，新增企业增长率为－1.1％（排名第十），而且专业人士对企业活跃度的感知度也不高（排名第八），以上数据提示政府需要在这方面多下功夫。

第九，在强项指标政府支持力方面，杭州以拉开第二名约11分的优势稳居第一，但主要靠的是基础环境（排名第一）和金融环境（排名第一）方面的优势，税赋环境（排名第八）还有很大待改善的空间；湖州、嘉兴分列第九、第十（除去杭嘉湖地区整体，则排名第八、第九），说明这一强项其实是因为杭州这一领头羊拉高了整体水平，湖州和嘉兴还需要进一步追赶，特别是嘉兴的基础环境（排名第十）、湖州的税赋环境（排名第十）亟待改善。

第十，在一般项指标政府服务力方面，杭州表现优异（排名第二），嘉兴排名第六，湖州排名第八；值得一提的是，杭州在服务完备与准确度方面表现非常出色（排名第一），但在服务成熟和成效度方面不如嘉兴（排名第二）、湖州（排名第五），需要大力改进，同时湖州和嘉兴更需要将重心放在服务完备与准确度上。

第十一，在一般项指标政府廉洁度方面，嘉兴表现优异（排名第一），杭州排名第四，而湖州则低于省平均水平，排名第十。

（2）促进杭嘉湖地区新型政商关系构建的政策建议

根据上述对杭嘉湖地区新型政商关系评估结果的分析，我们从各地市的角度出发，为提升杭嘉湖地区新型政商关系水平提出以下政策建议。

第一，杭州要继续保持强项，弥补弱项。2019年，杭州"亲清"指数排名第一，"亲近"指数排名第一，"清白"指数排名第四，政府对企业的支持这项一级指标值排名第一；在 2018 年的评估结果中，杭州"亲清"指数排名第一，"亲近"指数排名第一，"清白"指数排名第三，政府对企业的服务、政府对企业的支持这 2 个一级指标值均排名第一。 上述结果说明近年来杭州新型政商关系建设成效较好，应继续保持该优势，提升的重点仍在于补齐短板。 对比 2018 年，2019 年杭州"清白"指数排名略有下降，主要受政府透明度这一块短板的影响，其下 2 个三级指标中，杭州在财政透明方面交上了满分的答卷，但信息公开指标值却排名垫底（2018 年该项指标值在 11 个地区中排名第十）。 对此，我们提出：第一，政府要努力做好政务信息的公正、公开、透明化，这同样也是提升创业者对政府廉政感知的一个重要途径；第二，要进一步提升政府亲近感知度指标值（排名第九），尤其要关注创业者对亲近的感知度，拉近政府与企业、创业者之间的距离；第三，有力改善税赋整体环境，杭州市政府对企业的支持指标值虽然仍稳居第一，但其中税赋环境有较大提升空间（排名第七[①]），政府应加大措施和力度为企业营造更好的税收环境、营商环境。

第二，嘉兴要继续保持全面均衡发展并补齐短板。 2019 年，嘉兴"亲清"指数排名第三，"亲近"指数排名第十[②]，"清白"指数排名第一，其中政府廉洁度指标值排名第一，表现优异；政府亲近感知度、政府廉洁感知度指标值均排名第五，在 11 个地区中处于中上水平。 而在 2018 年的评估结果中，嘉兴"亲清"指数排名第四，"亲近"指数排名第十，"清白"指数排名第二。 除了"亲近"指数排名不变，2019 年"亲清"指数与"清白"指数排名均上升 1 位。 下一步的工作重点在于继续保持并努力提升短板。 对此，我们提出：第一，增强民营企业活跃度（排名第十一），消除这一最大短板，兼顾创业活跃度、专业人士对企业活跃度的感知度，以及新增企业增长率三大方面，采取更加有力的举措营造更活跃的市场环境、创业环境，激发市场主体活力；第二，提升政府支持力水平，兼顾基础环境、金融环境、税赋环境的打造，尤其要着力改善当地基础环境，加大财政支持力度，促进当地商业机构及

---

① 此处是除去杭嘉湖地区整体后的排名。
② 此处是除去杭嘉湖地区整体后的排名，本段下同。

个人信用体系建设，为进一步提升民营企业活跃度创造良好的条件；第三，在其他一级指标方面保持好当前的态势，尤其要继续发挥"清白"指数第一的优势，带动其他方面的建设，为营造良好的政商关系共同努力。

第三，湖州需要补齐多处短板。2019年，湖州"亲清"指数排名第十①，"亲近"指数排名第七，"清白"指数排名第十，民营企业活跃度指标值排名第二，仅一项一级指标值高于省平均水平；而在2018年的评估结果中，湖州"亲清"指数排名第八，"亲近"指数排名第六，"清白"指数排名第七，政府对企业的支持排名第七，民营企业活跃度指标值排名第一，政府廉洁度指标值排名第六，政府廉洁感知度指标值排名第九，以上数据说明湖州在政商关系构建方面不仅强项没有维持住，而且弱项没有得到明显的加强，大部分指标值排名有所下滑，需要进一步关注。对此，我们提出：第一，补齐政府廉洁度、政府透明度和政府廉洁感知度这3项短板（指标值排名分别为第九、第九和第十）。这3项指标值排名均较低，进而导致"清白"指数排名落后，因此要重视干部清廉、政务信息公开、财政透明等工作，提高信息公开度，提升信息依申请办结率，增强财政透明度，加大违纪违法查处力度，等等。第二，补齐政府亲近感知度短板（指标值排名第十），兼顾创业者对亲近的感知度及专业人士对亲近的感知度，进一步拉近政府与市场主体之间的距离，提升亲近感。

第四，要加强杭嘉湖地区之间构建新型政商关系时的交流。我们发现，在多个指标中，杭嘉湖三地之间差别极大，在政府服务力上，嘉兴、湖州分别排名第五、第七②，表现一般，而杭州则排名第二；在政府支持力上，嘉兴、湖州分别排名第九、第八，表现落后，而杭州排名第一，嘉兴、湖州在这两方面应向杭州学习，努力构建好本区域内的政商关系；在民营企业活跃度上，嘉兴排名垫底，而湖州、杭州分别排名第二、第三，嘉兴应向这两地学习和看齐；在政府廉洁度上，嘉兴排名第一，杭州排名第四，湖州排名第九，这意味着杭州、湖州应借鉴嘉兴的创新性做法。故加强三地之间的沟通交流，互相借鉴学习，有利于共同营造良好的区域营商环境。

---

① 此处是除去杭嘉湖地区整体后的排名，本段下同。
② 此处是除去杭嘉湖地区整体后的排名，本段下同。

5.2　浙东城市群之甬绍舟地区分析

5.2.1　甬绍舟地区新型政商关系总体分析

我们将甬绍舟地区当成一个主体①代入浙江省 11 地市进行分析（总数变为 12 个），列出了甬绍舟作为主体及甬绍舟 3 市的"亲清"指数各指标情况（见表 5-12），并将基于总体和分指标对甬绍舟地区的新型政商关系情况进行分析。

(1)甬绍舟地区及所属地市"亲清"指数总体情况

从表 5-12 可以看出，甬绍舟地区 2019 年新型政商关系"亲清"指数为 85.50，高于省平均水平（83.30），排名第五，前四位分别是杭州、宁波、嘉兴、舟山；甬绍舟地区的宁波和舟山位列前四（分别为第二和第四），绍兴位列第六，可见甬绍舟地区的新型政商关系总体表现较好。 在"亲近"指数上，甬绍舟地区为 79.80，低于省平均水平（80.30），排名第七；其中舟山和宁波分别排在第二位和第五位，绍兴则位列第十一，表现较差，可见甬绍舟地区在"亲近"指数上表现不佳主要是因为绍兴。 在"清白"指数上，甬绍舟地区为 91.10，高于省平均水平（86.00），排名第三，表现较好；宁波、舟山、绍兴分别排名第二、第四、第五，排名较为靠前，表现较好。

表 5-12　甬绍舟地区整体及所属地市的"亲清"指数各指标排名

一级指标	省平均值	甬绍舟		宁波		绍兴		舟山	
		指标值	省排名	指标值	省排名	指标值	省排名	指标值	省排名
政府对企业的服务	87.70	84.70	9	83.30	10	81.00	12	89.80	4
政府对企业的支持	73.10	73.50	5	74.50	3	69.30	11	76.80	2

———————————

① 方法为将甬绍舟 3 市各指标值的平均数，作为甬绍舟主体的指标值。

续　表

一级指标	省平均值	甬绍舟		宁波		绍兴		舟山	
		指标值	省排名	指标值	省排名	指标值	省排名	指标值	省排名
民营企业活跃度	81.50	77.80	9	83.50	6	78.20	8	71.70	11
政府亲近感知度	85.40	94.40	3	95.60	2	91.40	5	96.30	1
政府廉洁度	83.60	91.50	5	94.00	3	95.10	2	85.30	6
政府透明度	87.60	87.10	7	89.30	5	77.20	12	94.80	1
政府廉洁感知度	88.70	96.20	2	94.80	4	95.10	3	98.80	1
"亲近"指数	80.30	79.80	7	81.00	5	76.80	11	81.60	2
"清白"指数	86.00	91.10	3	92.80	2	89.70	5	90.80	4
"亲清"指数	83.30	85.50	5	86.90	2	83.30	6	86.20	4

(2)甬绍舟地区及所属地市"亲清"指数下各一级指标情况简述

下面我们从 7 个一级指标来进行分析，图 5-2 给出了直观展现。

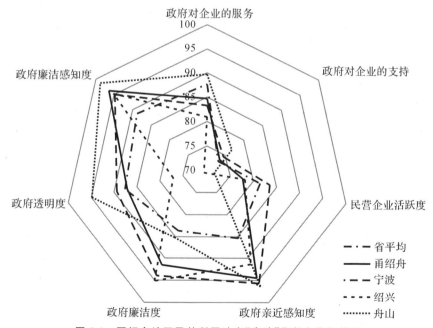

图 5-2　甬绍舟地区及其所属地市"亲清"指数各指标情况

在政府服务力方面，甬绍舟地区指标值为 84.70，低于省平均水平（87.70），排名第九，可见这是甬绍舟地区的一块短板。 其中：舟山指标值为 89.80，高于省平均水平，排名第四，是 3 市中表现最好的；而宁波指标值为 83.30，低于省平均水平，排名第十；绍兴指标值为 81.00，低于省平均水平，排名第十二。

在政府支持力方面，甬绍舟地区指标值为 73.50，略高于省平均水平（73.10），排名第五。 其中：舟山指标值为 76.80，高于省平均水平，排名第二，是 3 市中表现最好的；宁波紧随其后，指标值为 74.50，高于省平均水平，排名第三；绍兴指标值为 69.30，低于省平均水平，排名第十一，是拉低甬绍舟地区整体水平的短板。

在民营企业活跃度方面，甬绍舟地区指标值为 77.80，低于省平均水平（81.50），排名第九，可见民营企业活跃度也是甬绍舟地区的一块短板。 其中：宁波指标值为 83.50，高于省平均水平，排名第六；绍兴指标值为 78.20，低于省平均水平，排名第八；舟山指标值为 71.70，远低于省平均水平，仅排名第十一，表现不佳。

在政府亲近感知度方面，甬绍舟地区指标值为 94.40，远高于省平均水平（85.40），排名第三，可见政府亲近感知度是甬绍舟地区的强项。 其中，舟山排名第一，宁波排名第二，而绍兴指标值为 91.40，高于省平均水平，排名第五，表现也较为优异。

在政府廉洁度方面，甬绍舟地区指标值为 91.50，高于省平均水平（83.60），排名第五。 其中：绍兴指标值为 95.10，远高于省平均水平，排名第二；宁波指标值为 94.00，远高于省平均水平，排名第三；舟山指标值为 85.30，高于省平均水平，排名第六，可见舟山在一定程度上拉低了甬绍舟地区的政府廉洁度指数。

在政府透明度方面，甬绍舟地区指标值为 87.10，低于省平均水平（87.60），排名第七，总体表现一般。 其中：舟山指标值为 94.80，远高于省平均水平，排名第一；宁波指标值为 89.30，高于省平均水平，排名第五；绍兴指标值仅为 77.20，排名最低，是拉低甬绍舟地区整体水平的短板。

在政府廉洁感知度方面，甬绍舟地区指标值为 96.20，远高于省平均水平（88.70），排名第二，表现优异，可见政府廉洁感知度是甬绍舟地区的强项。 其中：舟山指标值为 98.90，远高于省平均水平，排名第一；绍兴指标值

为 95.10，远高于省平均水平，排名第三；宁波指标值为 94.80，高于省平均
水平，排名第四。

我们根据表 5-12 和图 5-2 进行简单小结：

在各一级指标方面，甬绍舟地区整体在政府亲近感知度、政府廉洁度、政
府廉洁感知度等方面是强项，在政府支持力、政府透明度等方面表现尚可，而
政府服务力、民营企业活跃度是其短板。

从甬绍舟地区所属地市来看，在政府对企业的服务方面，舟山表现尚可，
而宁波、绍兴拉低了地区表现；在政府支持力方面，舟山、宁波均表现优异，
而绍兴拉低了地区表现；在民营企业活跃度方面，宁波表现尚可，绍兴拉低了
地区表现；在政府亲近感知度方面，舟山、宁波分别位列第一、第二，绍兴表
现也尚可；在政府廉洁度方面，绍兴、宁波均表现优异，舟山表现也尚可；在
政府透明度方面，舟山排名第一，而绍兴排名垫底，拉低了整体地区表现；在
政府廉洁感知度方面，3 地表现都比较好。

5.2.2 甬绍舟地区新型政商关系的具体分析

为更加清楚、具体地了解甬绍舟地区整体及其所属地市新型政商关系的
构建情况，本节将对各一级指标及其分指标的数值情况进行分析，找出甬绍
舟地区整体及其所属地市在新型政商关系构建中存在的问题与不足，总结相
关经验，以支撑下一步政策建议的提出。

(1)政府对企业的服务指标分析结果

根据表 5-13 中的数据，我们可以对政府对企业的服务指标进行分析。甬
绍舟地区在政府服务力方面的短板效应很明显，一级指标值（84.70）低于省
平均水平（87.70），这主要是由于绍兴和宁波表现不佳（指标值分别为81.02
和83.28），尤其是绍兴，排名垫底，大大拉低了总指数。同时，其下 2 个二
级指标也在中下水准，均低于省平均水平。进一步来看，在二级指标服务完
备与准确度方面，仅宁波（87.48）表现略好，高于省平均水平（86.69），舟
山（83.56）低于省平均水平（86.69），而绍兴垫底（78.48），拉低了甬绍
舟地区该二级指标的平均水平（甬绍舟地区平均值仅为 83.17）；在二级指标

服务成熟与成效度方面，舟山表现亮眼（96.06），排名全省第一，而宁波排名垫底（79.07），绍兴表现平平（83.56），一正一负使得该二级指标表现一般（甬绍舟地区平均值仅为86.23）。

表 5-13　甬绍舟地区整体及所属地市政府对企业的服务指标分析

地区	政府对企业的服务	排名	服务完备与准确度	排名	服务成熟与成效度	排名
省平均	87.70	—	86.69	—	88.74	—
甬绍舟	84.70	9	83.17	9	86.23	8
宁波	83.28	10	87.48	5	79.07	12
绍兴	81.02	12	78.48	12	83.56	10
舟山	89.81	4	83.56	8	96.06	1

通过对上述指标表现的分析，我们可以看出：

第一，在服务完备与准确度方面，绍兴在省内排名垫底，在提升政府对企业的服务完备与准确度上，特别是在服务方式完备度、服务事项覆盖度、办事指南准确度方面，表现很不理想，改进的空间很大。

第二，在服务成熟与成效度方面，宁波在省内排名垫底，在政府对企业的办事事项流程的完整和办事的效率上，特别是在线服务成熟度、在线服务成效度方面，还需要进一步着力，以满足企业发展的需要。

第三，整体来看，绍兴在政府服务力方面表现不佳，需要全面提升；而宁波与舟山也有相当大的提升空间，特别在当前甬舟一体化提速进程中，在实现港口、路桥、户籍、公共福利互联互通的同时，也要加强在政府服务上的共同表现。

（2）政府对企业的支持指标分析结果

这一指标在设置上主要考察基础环境（政府财政支出对地区经济贡献及地区社会信用建设影响情况）、金融环境（具体指地区金融发展水平，包括间接融资、直接融资和民间资本等）和赋税环境（地区企业税收负担水平及政府对高新企业的减免税支持情况）。

根据表 5-14 中的数据，我们可以对政府对企业的支持指标进行分析。甬绍舟地区在政府支持力方面表现一般（73.54），略高于省平均水平（73.06）。分地区来看，舟山（76.81）、宁波（74.54）分别位列第二、第三，而绍兴（69.27）则排名第十一，短板效应明显。

在3个二级指标方面，甬绍舟地区基础环境的指标值为74.83，虽高于省平均水平（73.71），但也仅位列第八；金融环境为76.19，高于省平均水平水平（69.25），位列第五，表现尚可；税赋环境为82.21，高于省平均水平（76.95），位列第三，表现较好。由此可见，基础环境是甬绍舟地区需要进一步提升的重要方面。

具体来看，在基础环境方面，宁波（74.05）排名第四，表现较好；绍兴（67.78）、舟山（68.47）则分列第十一位和第十二位，大大拉低了甬绍舟地区的整体水平。在金融环境方面，宁波（72.68）排名第二，而舟山（61.73）位列第十一，绍兴（66.84）排名第七，都拉低了甬绍舟地区的整体水平。在税赋环境方面，舟山（100.00）排名第一，而绍兴（73.11）排名第九，宁波（77.02）排名第五，可见绍兴和宁波都在一定程度上拉低了整体排名。

表5-14　甬绍舟地区整体及所属地市政府对企业的支持指标分析

地区	政府对企业的支持	排名	基础环境	排名	金融环境	排名	税赋环境	排名
省平均	73.06	—	73.71	—	69.25	—	76.95	—
甬绍舟	73.54	5	74.83	8	76.19	5	82.21	3
宁波	74.54	3	74.05	4	72.68	2	77.02	5
绍兴	69.27	11	67.78	12	66.84	7	73.11	9
舟山	76.81	2	68.47	11	61.73	11	100.00	1

通过对上述指标表现的分析，我们可以看出：

第一，从甬绍舟地区政府支持力的总体表现来看，绍兴是明显的短板。在绍兴的3项指标值中，基础环境位列最末，金融环境、税赋环境也都低于省平均水平，因此绍兴需要全面提升其政府支持力水平，特别要从基础环境入手着力提升。

第二，舟山是甬绍舟地区在政府支持力方面表现最好的，但也要看到舟山的整体排名是由其特别优良的税赋环境带来的，其基础环境与金融环境都排名倒数第二,属于"一俊遮百丑",之后还是要扎实做好这两方面的工作。

第三,宁波的综合表现较为全面,3 项指标分别排名第四、第二、第五,使得其政府支持力的总体排名位列第三,需要继续保持在政府支持力方面的竞争力。

(3)民营企业活跃度指标分析结果

在一级指标民营企业活跃度下,我们只设置了民营企业活跃度这 1 个二级指标,其下设置了创业活跃度、专业人士对企业活跃度的感知度和新增企业增长率这 3 个三级指标。

表 5-15 中的数据显示,甬绍舟地区整体的民营企业活跃度指标值为77.79,低于省平均水平(81.47)。 其中:宁波(83.46)位列第六,是唯一高于省平均水平的地市;绍兴(78.22)、舟山(71.70)分列第八位和第十一位,均低于省平均水平,特别是舟山,远低于省平均水平(相差近 10)。

表 5-15 甬绍舟地区整体及所属地市民营企业活跃度指标分析

地区	民营企业活跃度(一级指标)	排名	民营企业活跃度(二级指标)	排名
省平均	81.47	—	81.47	—
甬绍舟	77.79	9	78.37	9
宁波	83.46	6	83.46	6
绍兴	78.22	8	78.22	8
舟山	71.70	11	71.70	11

注:"—"表示内容为空。

我们调取了甬绍舟 3 市的创业活跃度、专业人士对创业活跃度的感知度、2019 年新增企业增长率这 3 个指标来进行具体分析。 从表 5-16 中的数据来看,在创业活跃度方面,甬绍舟地区排名第六,宁波、绍兴和舟山分别排名第二、第九和第三,绍兴拉低了甬绍舟地区该指标的排名;在专业人士对企业活跃度的感知度方面,甬绍舟地区排名第七,宁波、绍兴和舟山分别排名第二、第五和第十,舟山拉低了甬绍舟地区该指标的排名;在 2019 年新增企业增长率方面,甬绍舟地区排名第十一,宁波、绍兴和舟山分别排名第八、第六和第十二,舟山排名垫底大大拉低了甬绍舟地区该指标的排名。

表 5-16　甬绍舟地区整体及所属地市民营企业活跃度指标下的三级指标分析

地区	创业活跃度（%）	排名	专业人士对创业活跃度的感知度	排名	2019 年新增企业增长率（%）	排名
甬绍舟	32	6	3.60	7	—①	11
宁波	33	2	4.35	2	1.9	8
绍兴	29	9	3.80	5	5.1	6
舟山	33	3	2.65	10	−15.1	12

通过对上述指标表现的分析，我们可以看出：

第一，舟山在民营企业活跃度上表现不佳（排名第十一），特别是其新增企业增长率指标值排名垫底，显示出民营企业活跃度的严重不足，而在政府服务力、政府支持力上，舟山分别排名第四和第二，说明舟山市政府在政商关系建设上投入较多，也有一定成效，但其对企业的积极影响还不够，说明政商关系建设对企业的影响存在一定的时滞。

第二，宁波在新增企业增长率方面还需要进一步提升（排名第八，相对于其他 2 个指标来说是短板），1.9% 的增长率只能暂时保持经济平稳，还需要在促进创业方面加大力度，特别在新冠肺炎疫情的冲击下，更需要依靠大众创业来保持经济发展。

（4）政府亲近感知度指标分析结果

一级指标政府亲近感知度由对亲近的感知度这 1 个二级指标构成，其下还有创业者对亲近的感知度和专业人士对亲近的感知度 2 个三级指标。

由表 5-17 中的数据可知，甬绍舟地区整体的政府亲近感知度指标值（94.41）大大高于省平均水平（85.39），排名第三，是 7 个一级指标中的强项；其中舟山（96.29）排名第一，宁波（95.58）排名第二，均表现优异，绍兴（91.37）排名第五，虽是地区中短板，但排名尚可。

---

① 该指标有负数，故不便直接平均，我们的排名是以指标化数值确定的。

表 5-17　甬绍舟地区整体及所属地市政府亲近感知度指标分析

地区	政府亲近感知度	排名	对政府亲近的感知度	排名
省平均	85.39	—	85.39	—
甬绍舟	94.41	3	94.41	3
宁波	95.58	2	95.58	2
绍兴	91.37	5	91.37	5
舟山	96.29	1	96.29	1

进一步地，我们调取了甬绍舟 3 市创业者对亲近的感知度和专业人士对亲近的感知度这 2 个指标的数据并进行分析。 从表 5-18 中的数据来看，在创业者对亲近的感知度方面，甬绍舟地区排名第二，其中舟山（0.81）排名第一，宁波（0.79）排名第三，绍兴（0.78）排名第四，除去甬绍舟整体，则宁波、绍兴、舟山 3 市排在前 3，表现优异。 在专业人士对亲近的感知度方面，甬绍舟地区排名第六，其中宁波排名第二，说明专业人士对宁波在亲近方面的感知度较高，而舟山则不太受专业人士青睐，仅排名第十一，拉低了这一指标的地区整体排名。

表 5-18　甬绍舟地区整体及所属地市政府亲近感知度指标下的三级指标分析

地区	创业者对亲近的感知度	排名	专业人士对亲近的感知度	排名
甬绍舟	0.79	2	3.73	6
宁波	0.79	3	4.45	2
绍兴	0.78	4	3.65	7
舟山	0.81	1	3.1	11

通过对上述指标表现的分析，我们可以看出：

第一，甬绍舟地区在亲近感知方面表现较好（排名第三），大大超过其在政府对企业的服务和政府对企业的支持这 2 个一级指标上的表现（分别排名第九和第五），说明企业对于政府政商关系构建的感知超过政府实际表现，这是个好事，但不能长期维持。 政府还是要在对企业的服务和对企业的支持上加大力度，不辜负企业界的高感知度。

第二，宁波在创业者对亲近的感知度和专业人士对亲近的感知度 2 项指标上表现都较好；绍兴则是创业者的感知度高而专业人士的感知度不够，政府需要提升其在专业人士中的感知程度；舟山在 2 项指标的表现上差异较大，创业者有较高的感知度（排名第一），而在专业人士心中则尚未有此感知（排名第十一），因此需要在专业人士感知度方面加大力度。

(5)政府廉洁度指标分析结果

本一级指标下设干部清正这一二级指标，旨在通过对查处官员及违规违纪情况的分析，来反映某地政府的廉洁度。 表 5-19 中的数据显示，甬绍舟地区整体的政府廉洁度指标值（91.45）远高于省平均水平（82.73），排名第五，总体表现较好。 其中绍兴（95.07）、宁波（94.02）分别排名第二、第三，表现优异；舟山（85.26）略高于省平均水平，排名第六，部分拉低了地区整体排名水平。

表 5-19　甬绍舟地区整体及所属地市政府廉洁度指标分析

地区	政府廉洁度	排名	干部清正	排名
省平均	82.73	——	82.73	——
甬绍舟	91.45	5	91.45	5
宁波	94.02	3	94.02	3
绍兴	95.07	2	95.07	2
舟山	85.26	6	85.26	6

通过对上述指标表现的分析，我们可以看出，提升甬绍舟地区政府廉洁度的关键在于舟山。 舟山市委在党的十九大后不久便出台了《关于推进"清廉新区"建设的实施意见》，旨在着力营造自贸区的清廉高效营商环境，并严厉查处相关违纪违法的干部，推进清廉舟山建设。 2019 年，舟山各级纪检监察机关查处违反中央八项规定精神问题事件 106 起，2020 年上半年查处 68 起，通过这些举措相信舟山的廉洁政府建设会很快见效。

(6)政府透明度指标分析结果

本指标旨在测度政府运行的透明度情况，共设置信息公开、财政透明 2

个二级指标。 表5-20中的数据显示，甬绍舟地区整体政府透明度指标值为87.09，略低于省平均水平（87.62），排名第七。 宁波、绍兴、舟山3市差异很大，其中舟山（94.79）排名第一，而绍兴（77.19）排名垫底，宁波（89.31）则排名第五，相对靠前。

我们进一步来看2个二级指标的具体情况。 在信息公开方面，甬绍舟地区整体指标值为85.14，低于省平均水平（86.69），排名第七。 排名偏低的主要原因在于：绍兴的指标值较低（76.14），排名第十一，而宁波表现也一般，指标值（83.90）低于省平均水平，排名第八，这抵消了舟山的表现（95.38，排名第二）。 在财政透明方面，甬绍舟地区整体指标值为89.05，略高于省平均水平（88.53），排名第七。 排名偏低主要是因为绍兴排名较低（78.25，排名第十一），抵消了宁波、舟山的优异表现（分别排名第二、第三）。

表5-20 甬绍舟地区整体及所属地市政府透明度指标分析

地区	政府透明度	排名	信息公开	排名	财政透明	排名
省平均	87.62	—	86.69		88.53	—
甬绍舟	87.09	7	85.14	7	89.05	7
宁波	89.31	5	83.90	8	94.72	2
绍兴	77.19	12	76.14	11	78.25	11
舟山	94.79	1	95.38	2	94.19	3

通过对上述指标表现的分析，我们可以看出：

第一，甬绍舟地区整体政府透明度表现不佳的原因在于绍兴表现不佳的短板效应。 绍兴的政府透明度总体位列第十二，且在信息公平、财政透明两方面都表现不佳，均位列第十一，因此其需要在这两方面多加努力。

第二，宁波在信息公开方面还需加大力度，补上这块短板，这样才能进一步落实好当前宁波所推动的以群众视角推进政务公开、打造透明型政府的重要举措。

(7)政府廉洁感知度指标分析结果

廉洁感知度是政府廉洁度、政府透明度的重要"感受"指标，关系政商关

5

5

系建设的体验。一级指标政府廉洁感知度由对廉洁的感知度这个二级指标构成，其下还有创业者对廉洁的感知度和专业人士对廉洁的感知度2个三级指标。

从表5-21中的数据可见，甬绍舟地区整体的政府廉洁感知度（96.24）大大高于省平均水平（88.67），排名第二，是7个一级指标中的最强项。其中舟山（98.80）排名第一，绍兴（95.06）排名第三，宁波（94.84）排名第四，均表现优异。

表5-21 甬绍舟地区整体及所属地市政府廉洁感知度指标分析

地区	政府廉洁感知度	排名	对廉洁的感知度	排名
省平均	88.67	—	88.67	—
甬绍舟	96.24	2	96.24	2
宁波	94.84	4	94.84	4
绍兴	95.06	3	95.06	3
舟山	98.80	1	98.80	1

我们进一步调取了甬绍舟3市创业者对廉洁的感知度和专业人士对廉洁的感知度这2个指标的数据并进行分析。从表5-22中的数据来看，在创业者对廉洁的感知度方面，甬绍舟地区排名第二，舟山排名第一，宁波、绍兴分别排名第四、第三，均表现优异；在专业人士对廉洁的感知度方面，甬绍舟地区排名第四，宁波、绍兴、舟山分别排名第五、第五、第三，均表现一般。

表5-22 甬绍舟地区整体及所属地市对廉洁的感知度指标分析

地市	创业者对廉洁的感知度	排名	专业人士对廉洁的感知度	排名
甬绍舟	0.82	2	3.93	4
宁波	0.811	4	3.89	5
绍兴	0.813	3	3.89	5
舟山	0.84	1	4	3

通过对上述指标表现的分析，我们可以看出，在政府廉洁感知度方面，甬绍舟地区表现较好，需要继续保持。从2个三级指标具体来看，3市在创业者

对廉洁的感知度方面均表现较好，而在专业人士对廉洁的感知度方面表现不如创业者，因此 3 市需要进一步提升其政府廉洁度在专业人士心中的感知度。

5.2.3　甬绍舟地区新型政商关系评估总结与政策建议

(1)当前甬绍舟地区新型政商关系构建情况总结

我们运用浙江省新型政商关系"亲清"指数来进行评估与分析，对当前甬绍舟地区新型政商关系的构建情况进行总结分析，其结果可以用"总体较好、优缺明显"来概括。下面我们分别总结其强弱项、长短板。

第一，甬绍舟地区的新型政商关系总体水平较高（"亲清"指数排名第五），反映出该地区在构建新型政商关系的过程中初步将"亲"和"清"做到了实处，其中宁波表现较好（排名第二），是甬绍舟地区的领头羊，舟山次之（排名第四），绍兴再次之（排名第六）。

第二，甬绍舟地区整体的"清白"指数水平很高（排名第三），反映出较好的政府廉洁度与政府透明度，且得到创业者与专业人士的认可。其中，宁波表现较好（排名第二），仍是甬绍舟地区的领头羊，舟山次之（排名第四），绍兴最差（排名第五）。

第三，甬绍舟地区整体的"亲近"指数水平表现一般（排名第七），是拉低"亲清"指数的短板。其中，舟山表现较好（排名第二），是甬绍舟地区的领头羊，宁波次之（排名第五），而绍兴则是短板（排名第十一）。

第四，政府对企业的服务（排名第九）、民营企业活跃度（排名第九）、政府透明度（排名第七）这 3 个一级指标是甬绍舟地区的弱项，政府廉洁感知度（排名第二）、政府亲近感知度（排名第三）这 2 个一级指标是甬绍舟地区的强项，政府对企业的支持（排名第五）、政府廉洁度（排名第五）这 2 个一级指标表现尚可。

第五，在弱项指标政府服务力方面，舟山表现相对较好（排名第四），特别是在服务成熟与成效度方面，排名第一，比较优秀，但绍兴的政府服务力排最末位，宁波也只排名第十，因此 3 市都需要在政府服务力方面加大力度。

第六，在弱项民营企业活跃度方面，舟山表现较差（排名第十一），绍兴不及省平均水平（排名第九），宁波也仅排名第六。 其中：舟山的创业活跃度表现较好（排名第三），但在专业人士对创业活跃度的感知度及新增企业增长率两方面都较差（分别排名第十和第十二）；宁波的创业活跃度表现得也很优异（排名第二），且在专业人士心中有较高感知度，但这并未转化到2019年新增企业增长率上（增长率仅1.9％，排名第八）；绍兴的创业活跃度表现不佳（排名第九），但专业人士的感知和新增企业增长率都表现尚可（分别排名第五和第六）。

第七，在弱项指标政府透明度方面，舟山表现优异（排名第一），其中信息公开、财政透明这2个二级指标排名靠前（第二和第三）；宁波表现尚可（排名第五），其中财政透明指标值排名靠前（排名第二），而信息公开表现一般（排名第八）；绍兴表现较差（排名垫底），2个二级指标都只排名第十一。

第八，在强项指标政府亲近感知度方面，舟山表现优异（排名第一），其中创业者对亲近的感知度指标值排名第一，但专业人士对亲近的感知度不足（仅排名第十一）；宁波表现亦较好（排名第三），创业者和专业人士对亲近的感知度指标值都较高；绍兴表现同样不俗（排名第四），创业者和专业人士对亲近的感知度分别排名第四和第七①。

第九，在强项指标政府廉洁感知度方面，舟山表现优异（排名第一），绍兴、宁波分列第三、第四（除去甬绍舟地区整体，则排名第二、第三）。

第十，在一般项指标政府支持力方面，舟山表现优异（排名第二），但其主要靠税赋环境（排名第一）拉高排名，基础环境、金融环境指标值等只位列第十一，需要大力改进；宁波表现亦较好（排名第三），金融环境、基础环境、税赋环境指标值分别排名第二、第四、第五，表现相对均衡；绍兴表现较差（排名第十一），是短板，其中基础环境、税赋环境、金融环境指标值分别排名第十二、第九、第七。

第十一，在一般项指标政府廉洁度方面，绍兴表现优异（排名第二），宁波排名第三，而舟山指标值只略高于省平均水平，排名第六。

① 如除去甬绍舟地区整体，则宁波、绍兴分别排名第二、第三。

(2)促进甬绍舟地区新型政商关系构建的政策建议

根据上述对甬绍舟地区新型政商关系评估结果的分析,我们从各地市角度出发,为提升甬绍舟地区新型政商关系水平提出以下政策建议。

第一,舟山要继续保持强项且补上短板。 2019 年,舟山"亲清"指数排名第四,"亲近"指数排名第二,"清白"指数排名第三[①],政府亲近感知度、政府透明度、政府廉洁感知度这 3 个一级指标都排名第一;而在 2018 年的评估结果中,舟山"亲清"指数排名第二,"亲近"指数排名第三,"清白"指数排名第一,政府亲近感知度、政府廉洁感知度这 2 个一级指标排名第一。 以上结果说明近年来舟山新型政商关系建设成效较好,提升的重点在于补齐短板。 对此,我们提出:首先,也是最重要的,要提升民营企业活跃度指标值(排名第十一),其关键之处是将政商关系建设的努力落到实处,即落地到新增企业增长率上来(2019 年该增长率为-15.10%,排名第十一),要通过更有力的措施提高社会大众的创业意愿,激发市场主体特别是中小企业的活力。 其次,要进一步提升政府廉洁度(排名第六),继续加大"清廉新区"建设力度,继续保持对于违纪违法干部的查处力度。 最后,要适当提升政府服务力(排名第四),主要是提升政府服务完备与准确度,特别是服务方式完备度、服务事项覆盖度、办事指南准确度,要营造出更好的创业环境,培育更多的创业企业并满足其发展要求。

第二,宁波要继续保持全面均衡并补齐短板。 2019 年,宁波"亲清"指数排名第二,"亲近"指数排名第五,"清白"指数排名第二,政府亲近感知度、政府对企业的支持、政府廉洁度、政府廉洁感知度指标值分别排名第二、第三、第三、第三[②],表现较好;而在 2018 年的评估结果中,宁波"亲清"指数排名第三,"亲近"指数排名第二,"清白"指数排名第四,政府透明度、民营企业活跃度、政府亲近感知度、政府对企业的支持、政府廉洁感知度指标值分别排名第一、第二、第二、第三、第三。 以上数据说明,虽然宁波 2019 年在部分指标上有所退步,但其

---

① 此处是除去甬绍舟地区整体后的排名,本段下同。
② 此处是除去甬绍舟地区整体后的排名,本段下同。

整体排名有所提升，下一步的工作重点在于保持强项并提升短板。对此，我们提出：一是，提升政府服务力水平（排名第十），消除这一最大短板。这项工作的重点在于提升服务成熟与成效度（排名垫底），尤其是在线服务成熟度和在线服务成效度，以进一步为企业活跃提供良好环境。二是，止住民营企业活跃度指标值的下滑态势（排名从第二下滑至第六，新增企业增长率仅为 1.90%，排名第八）。与舟山相同，重点在于通过更有力的措施提高社会大众的创业意愿，激发市场主体特别是中小企业的活力，并与政府服务力结合起来。三是，在其他一级指标方面保持好当前的态势，齐头并进。

第三，绍兴需要补齐多处短板。2019 年，绍兴"亲清"指数排名第五，"亲近"指数排名第十，"清白"指数排名第四，政府廉洁度指标值排名第二，政府廉洁感知度指标值排名第二，政府亲近感知度指标值排名第四[①]；而在 2018 年的评估结果中，绍兴"亲清"指数排名第五，"亲近"指数排名第八，"清白"指数排名第六，政府廉洁度指标值排名第三，政府廉洁感知度指标值排名第二，政府亲近感知度指标值排名第三。以上数据说明绍兴在政商关系构建方面的强项得到了保持，但弱项依旧未得加强，需要加以关注。对此，我们提出：一是，补上政府服务力短板（排名垫底）和政府支持力短板（排名第十一），此两者所占权重较大，是影响民营企业活跃度（排名第八）的重要因素。绍兴要在营商环境的软硬件条件方面加大力度，如在政府服务方式完备度、服务事项覆盖度、办事指南准确度等"最多跑一次"服务上进一步下功夫，同时着力改善当地基础环境，加大财政支持力度，提高当地商业机构信用并促进个人信用体系建设，为进一步提升民营企业活跃度创造好的条件。二是，补上政府透明度短板（排名垫底），提高信息公开度，提升依申请办结率，提高财政透明度，并让大众感知，以此支持政府廉洁感知度的提升。

第四，要加强甬绍舟地区之间在构建新型政商关系时的交流。我们发现，在多个指标中，宁波、绍兴、舟山之间差别极大，在政府服务力方面，宁波、绍兴分别排名第九、第十一[②]，表现一般，而舟山则排名第四，宁波、绍

---

① 此处是除去甬绍舟地区整体后的排名，本段下同。

② 此处是除去甬绍舟地区整体后的排名，本段下同。

兴应当向舟山学习和看齐；在政府支持力方面，绍兴排名第十，而舟山、宁波排名第二、第三，绍兴应向两地学习取经；在政府透明度方面，绍兴排名第十一，而舟山、宁波分别排名第一、第五，绍兴应向两地学习取经。 我们也看到，甬绍舟地区在多个指标上均保持高水平：在政府亲近感知度方面，舟山、宁波、绍兴分别排名第一、第二、第四；在政府廉洁感知度方面，舟山、绍兴、宁波分别排名第一、第二、第三。 故三地之间应加强交流，共同营造良好的区域营商环境，使彼此均能获益。

5.3　浙南城市群之温台丽地区分析

5.3.1　温台丽地区新型政商关系总体分析

(1)温台丽地区及所属地市"亲清"指数总体情况分析

将温台丽地区当成一个主体代入浙江省 11 个地市进行分析后，得到了表 5-23 的"亲清"指数数据。 从表中可以看出，2019 年，温台丽地区的新型政商关系"亲清"指数为 80.97，低于省平均水平（83.30）。 从全省 11 个地市的排名来看，温州、台州和丽水的"亲清"指数分别排在第九位、第七位和第八位，可见温台丽地区的新型政商关系总体表现较为一般，各地区差距较小。 在"亲近"指数上，温台丽地区为 79.28，略低于省平均水平（80.30）。 从全省 11 个地市的排名情况来看：温州地区的"亲近"指数在温台丽地区中表现最佳，位列第三；台州位列第六位，表现尚可；丽水地区则排在第十一位，表现较差，拉低了温台丽地区的总体排名，可见温台丽地区间的"亲近"指数差距较大，并且丽水水平较低。 在"清白"指数上，温台丽地区为 82.66，低于省平均水平（86.00），处于中间水平，最高的是丽水地区，其"清白"指数为 85.66，排名第六；其次为台州地区（82.28），排名第七，表现尚可；最后为温州地区（80.05），排在第九。 可以发现，温台丽地区间的"清白"指数差距较小。

表 5-23　温台丽地区整体及所属地市的"亲清"指数及排名

指标指数	省平均值	温台丽		温州		台州		丽水	
		数值	省排名	数值	省排名	数值	省排名	数值	省排名
"亲清"指数	83.3	80.97	9	80.77	9	81.09	7	81.06	8
"亲近"指数	80.3	79.28	9	81.05	3	79.90	6	76.46	11
"清白"指数	86.0	82.66	6	80.05	9	82.28	7	85.66	6

(2)温台丽地区及所属地市"亲近"指数和"清白"指数下各一级指标情况分析

为了具体了解温台丽及各地区新型政商关系的构建情况，本小节将进一步对温台丽及各地区"亲清"指数的各项构成指标情况进行分析，以更加深入地了解温台丽各地区在新型政商关系构建中的优势和短板，为其下一步工作开展提供建议和意见。温台丽及各地区"亲近"指数下的一级指标值和"清白"指数下的一级指标值分别如表 5-24 和表 5-25 所示。

在政府对企业的服务方面，温台丽地区指标值为 87.16，略低于省平均水平（87.70），总体表现较好。其中：温州指标值为 90.84，远远高于省平均水平，在全省 11 个地市中排名第三，在温台丽地区中表现最好；丽水指标值为 87.45，略低于省平均水平，排名第六；台州指标值为 83.19，远低于省平均水平，排名第十。

在政府支持力方面，温台丽地区指标值为 69.86，低于省平均水平（73.10），表现较不理想，可见政府支持力是温台丽地区的弱项。其中：温州指标值为 72.21，在全省 11 个地市中排名第五；台州紧随其后，与温州地区相差较小，为 72.09；丽水指标值为 65.28，排名第十一，是拉低温台丽地区政府支持力整体水平的短板。

在民营企业活跃度方面，温台丽地区指标值为 81.74，略高于省平均水平（81.50），总体表现尚可。其中：台州和温州的指标值均高于省平均水平，分别为 84.55 和 83.46，在全省 11 个地市中分别排名第四和第五，表现较好；丽水指标值仅为 77.20，低于省平均水平，排在第九位，总体上拉低了温台丽地区在民营企业活跃度方面的优势。

在政府亲近感知度方面，温台丽地区指标值为 88.44，高于省平均水平

（85.40），表现较好，可见政府亲近感知度是温台丽地区的优势。 其中：台州指标值为91.92，远高于省平均水平，在全省11个地市中排名第三，表现最为优秀；丽水和温州不分上下，指标值分别为86.74和86.65，均高于省平均水平，排名分别在第六位和第七位，处于中间水平。

在政府廉洁度方面，温台丽地区指标值为76.34，低于省平均水平（83.60），表现欠佳，可见政府廉洁度是温台丽地区的弱项。 从3个地区的具体表现来看，丽水、台州和温州的指标值均低于省平均水平，分别为81.11、77.25和70.67，在全省11个地市中的排名分别为第六、第七和第十。 可见，总体上温台丽地区在政府廉洁度方面表现较不理想，尤其是温州，拉低了温台丽整体的排名。

在政府透明度方面，温台丽地区指标值为88.24，高于省平均水平（87.60），总体表现较好，可见政府透明度方面是温台丽地区的优势。 其中：温州和丽水地区表现更为突出，指标值分别为90.98和89.64，均高于省平均水平，在全省11个地市中排在第三和第四位；台州表现较差，指标值为84.11，低于省平均水平，排名第十。 可见，台州在一定程度上拉低了温台丽地区在政府透明度方面的总体排名。

在政府廉洁感知度方面，温台丽地区指标值为90.09，高于省平均水平（88.70），总体上表现较为理想，可见政府廉洁感知度方面是温台丽地区的强项。 其中：台州和丽水表现较好，指标值均高于省平均水平，分别为92.09和91.07，在全省11个地市中分别排名第四和第六；温州表现欠佳，指标值为87.10，略低于省平均水平，排在第八位。

表5-24　温台丽地区整体及所属地市"亲近"指数的一级指标值及排名

指标指数	省平均值	温台丽		温州		台州		丽水	
		数值	省排名	数值	省排名	数值	省排名	数值	省排名
政府对企业的服务	87.70	87.16	7	90.84	3	83.19	10	87.45	6
政府对企业的支持	73.10	69.86	10	72.21	5	72.09	6	65.28	11
企业活跃度	81.50	81.74	7	83.46	5	84.55	4	77.20	9
亲近感知度	85.40	88.44	5	86.65	7	91.92	3	86.74	6

表 5-25　温台丽地区整体及所属地市"清白"指数的一级指标值及排名

指标指数	省平均值	温台丽		温州		台州		丽水	
		数值	省排名	数值	省排名	数值	省排名	数值	省排名
政府廉洁度	83.60	76.34	9	70.67	10	77.25	7	81.11	6
政府透明度	87.60	88.24	7	90.98	3	84.11	10	89.64	4
政府廉洁感知度	88.70	90.09	7	87.10	8	92.09	4	91.07	6

根据以上分析可知，在一级指标方面，整体来讲，政府亲近感知度、政府透明度和政府廉洁感知度方面是温台丽地区政商关系中的强项，而政府支持力和政府廉洁度方面是温台丽地区政商关系中的短板，同时政府服务力和民营企业活跃度表现尚可，但仍存在上升发展的空间。

从温台丽地区所属地市来看，在政府服务力方面，温州表现优异，丽水表现尚可，而台州则拉低了地区总体表现；在政府支持力方面，温州和台州表现尚可，而丽水则拉低了地区表现；在民营企业活跃度方面，台州和温州表现优异，但丽水拉低了地区表现；在政府亲近感知度方面，台州表现优秀，丽水和温州表现尚可；在政府廉洁度方面，丽水、台州和温州表现均欠佳；在政府透明度方面，温州和丽水表现优秀，而台州拉低了地区总体表现；在政府廉洁感知度方面，台州和丽水表现较好，温州表现尚可。

5.3.2　温台丽地区新型政商关系的具体分析

为了更加清楚、具体地了解温台丽地区整体及其所属地市新型政商关系的构建情况，本部分将对各一级指标下的二级指标情况进行分析，以进一步发现温台丽地区整体及其所属各地市在新型政商关系构建中存在的问题与不足，来支撑下一步政策建议的提出。

(1)政府对企业的服务指标分析

政府对企业的服务指标由政府服务完备与准确度和服务成熟与成效度 2 个二级指标构成，各地区指标值情况如表 5-26 所示。在服务完备与准确度方面，根据计算结果，温台丽地区指标值为 89.48，高于省平均水平（86.69）。

其中：温州指标值为 92.98，在全省 11 个地市中排名第二，较 2018 年上升了 8 个名次；台州指标值为 85.75，在全省 11 个地市中排名第六，较 2018 年上升了 5 个名次；丽水指标值为 89.69，较 2018 年略有下降，在全省 11 个地市中排名第四，较 2018 年下降了 2 个名次。 在服务成熟与成效度方面，温台丽地区指标值为 84.85，低于省平均水平（88.74）。 其中：温州指标值为 88.70，全省排名第七，较 2018 年下降了 5 个名次；台州指标值为 80.64，全省排名第十，较 2018 年下降了 5 个名次；丽水指标值为 85.20，比 2018 年增长了 6.85%，全省排名第八，较 2018 年上升了 1 个名次。

表 5-26　温台丽地区整体及所属地市政府对企业的服务指标值及排名

地区	政府对企业的服务	排名	服务完备与准确度	排名	服务成熟与成效度	排名
省平均	87.70	—	86.69	—	88.74	—
温台丽	87.16	—	89.48	—	84.85	—
温州	90.84	3	92.98	2	88.70	7
台州	83.19	10	85.75	6	80.64	10
丽水	87.45	6	89.69	4	85.20	8

根据上述各地区的指标值分析，我们可以看出：

第一，从温台丽地区整体来看，其服务完备与准确度方面的表现优于服务成熟与成效度，体现了该地区政府在服务事项的完整性和准确性方面表现更好，但也反映出该地区政府在服务效率方面需要进一步提高。

第二，从 3 个地区来看，温州的服务完备与准确度指标值和服务成熟与成效度指标值均较高，是温州政商关系之亲近关系中的强项。 需要注意的是，温州的服务成熟与成效度指标值在全省排名中仍处于中间位置，因此温州在政府对企业的服务方面需要提高的是服务成熟与成效度。 台州和丽水的服务完备与准确度指标相比服务成熟与成效度指标均表现较好，因此，台州和丽水应进一步加强政府对企业的在线办事事项流程的完整性和办事的效率。

(2)政府对企业的支持指标分析

政府对企业的支持指标主要从基础环境、金融环境和税赋环境来进行测算与分析，具体数值如表5-27所示。

根据表5-27中的数据，我们可以对政府对企业的支持指标的构成指标进行分析。 从分析中可知，温台丽地区整体的基础环境指标值为74.55，高于省平均水平（73.06）；金融环境指标值为64.87，低于省平均水平（69.25）；税赋环境指标值为72.22，低于省平均水平（76.95）。 从各地区来看，温州基础环境指标值为77.20，全省排名第二，与2018年保持一致；金融环境指标值为65.19，全省排名第八，与2018年保持一致；税赋环境指标值为76.68，全省排名第五，与2018年保持一致。 台州基础环境指标值为69.80，全省排名第八，与2018年保持一致；金融环境指标值为67.72，全省排名第四，与2018年保持一致；税赋环境指标值为78.72，全省排名第三，较2018年下降了1个名次。 丽水基础环境指标值为76.67，全省排名第三，与2018年保持一致；金融环境指标值为61.70，较2018年略有下降，全省排名第十一，较2018年下降了1个名次；税赋环境指标值为61.25，较2018年有小幅下降，全省排名第十一，与2018年保持一致。

表 5-27　温台丽地区整体及所属地市政府对企业的支持指标数值及排名

地区	政府对企业的支持	排名	基础环境	排名	金融环境	排名	税赋环境	排名
省平均	73.06	—	73.71	—	69.25	—	76.95	—
温台丽	69.86	—	74.55	—	64.87	—	72.22	—
温州	72.21	5	77.20	2	65.19	8	76.68	5
台州	72.09	6	69.80	8	67.72	4	78.72	3
丽水	65.28	11	76.67	3	61.70	11	61.25	11

从上述政府对企业的支持指标的构成指标表现分析来看，我们可以发现：

第一，整体来讲，3个环境指标中，温台丽地区的基础环境指标值最高，且高于省平均水平，税赋环境指标值次之，金融环境指标值最低。 可以知道，在政府支持力方面，温台丽地区的优势是基础环境，短板是金融环境。因此，温台丽地区需要重点改善金融环境。

第二，从地区来看，在基础环境方面，指标值最高的是温州地区，丽水次之，台州最低，台州拉低了温台丽地区的基础环境排名。在金融环境方面，各地区指标值均不高，最高的是台州地区，其次是温州，而丽水最低。在税赋环境方面，台州得分最高，温州次之，丽水最低。由此可知，丽水地区发展较弱，各项指标值均较低，拉低了温台丽地区的整体发展水平，需要重点关注。

(3)民营企业活跃度指标分析

由于民营企业是市场的主要群体，可以通过二级指标民营企业活跃度来反映企业活跃度情况，而民营企业活跃度则主要通过创业活跃度、专业人士对企业活跃度的感知度和新增企业增长率3个指标进行测算和分析。具体结果如表5-28所示。

根据表5-28中的数据，我们可以对民营企业活跃度及其构成指标进行分析。温台丽地区的民营企业活跃度指标值为81.74，略高于省平均水平（81.47）。从各地区来看，台州地区民营企业活跃度指标值最高，为84.55，在全省11个地市中排名第四，较2018年提升了5个名次；温州次之，为83.46，排名第五，与2018年相比提高了5个名次；丽水最低，为77.20，排名第九，与2018年相比下降了5个名次。

从民营企业活跃度的构成指标来看，在创业活跃度指标方面：丽水地区为33％，与宁波、舟山并列第二；台州和温州相差不大，分别为28％和27％，其在全省排名分别为第六和第七。在新增企业增长率指标方面，台州和温州表现较好，分别为0.20％和0.19％，在全省11个地市中的排名分别为第二和第三；丽水地区则表现较不理想，呈现负增长，排在第十位；在专业人士对企业活跃度的感知度指标方面，温州和台州得分较高，丽水最低。

表 5-28　温台丽 3 个地区的民营企业活跃度相关指标结果

地市	民营企业活跃度	排名	创业活跃度(%)	排名	专业人士对企业活跃度的感知度	排名	2019年新增企业增长率(%)	排名
温州	83.46	5	27	7	0.87	3	0.19	3
台州	84.55	4	28	6	0.82	4	0.20	2
丽水	77.20	9	33	2	0.47	11	−0.02	10

根据上述指标表现的分析，我们可以看出：

第一，从总体来看，温台丽地区的民营企业活跃度整体水平较高，这得益于温州和台州地区较高的民营企业活跃度，而丽水地区较低的民营企业活跃度拉低了温台丽地区的整体水平。因此，温台丽地区需要大力提高丽水地区的民营企业活跃度。

第二，从各地区来看，温州和台州的民营企业活跃度水平较高，主要是由于这 2 个地区的专业人士对企业活跃度的感知度指标值和新增企业增长率指标值较高，但其仍需进一步通过加大创业力度来提高企业活跃度。而丽水地区的民营企业活跃度虽然相对较低，但是从构成指标来看，该地区的创业活跃度水平较高，在全省位居前列，是该地区的优势，因此丽水地区需要进一步提高新增企业增长率，同时还要加强与专业人士的沟通交流。

(4)政府亲近感知度指标分析结果

一级指标政府亲近感知度由 1 个二级指标对亲近的感知度构成，其下还有创业者对亲近的感知度和专业人士对亲近的感知度 2 个三级指标。具体指标测算结果如表 5-29 所示。

根据表 5-29 中的数据，我们可以对亲近感知度指标进行分析。温台丽地区的总体政府亲近感知度指标值为 88.44，高于省平均水平（85.39）。从地区来看，台州的政府亲近感知度指标值为 91.92，远远高于省平均水平，在全省 11 个地市中排名第三，与 2018 年相比提升了 1 个名次；温州和丽水的政府亲近感知度指标值相差较小，分别为 86.65 和 86.74，温州排在全省第七，排名与 2018 年保持不变，丽水排名第六，较 2018 年下降了 1 个名次。

从政府亲近感知度的主要构成指标（创业者对亲近的感知度）来看，台州的创业者对亲近的感知度指标值最高，为 91.70，在全省 11 个地市中排名第四；其次是丽水，指标值为 89.70，排名第五；最后是温州，指标值为 86.80，排名第七。

表 5-29　温台丽地区整体及所属地市政府亲近感知度指标值及排名

地区	政府亲近感知度	排名	创业者对亲近的感知度	排名
省平均	85.39	—	85.39	—
温台丽	88.44	—	88.44	—
温州	86.65	7	86.80	7
台州	91.92	3	91.70	4
丽水	86.74	6	89.70	5

通过对上述指标表现的分析，我们可以看出：

第一，从总体来看，温台丽地区的政府亲近感知度整体水平较高，这主要得益于台州地区较高水平的政府亲近感知度，同时温州和丽水地区的政府亲近感知度指标值也高于全省平均水平。温台丽地区的政府对企业的亲近度较高，反映了该地区政府着力于当地企业尤其是创业企业的创新发展和提升。

第二，从地区来看，台州的政府亲近感知度水平最高，这主要是由于该地区创业者对亲近的感知度指标值较高，然而与其他地区如舟山、宁波等相比，还存在一些差距，因此台州仍需进一步提高创业者对亲近的感知度，以提高政府亲近感知度水平。温州和丽水地区的政府亲近感知度指标值则相对较低，处于全省中间水平，表明在政府亲近感知度方面，温州和丽水地区均存在较大的提升空间。

(5)政府廉洁度指标分析

根据表 5-30 中的数据，温台丽地区整体的政府廉洁度指标值为 76.34，低于省平均水平（82.73），总体表现欠佳。从各地区表现来看，温州的政府廉洁度指标值为 70.67，在全省 11 个地区中排名较为靠后，较 2018 年下降了

5 个名次，表现较不理想；台州和丽水的政府廉洁度指标值分别为 77.25 和 81.11，排名分别为第七名和第六名，与 2018 年相比分别上升了 2 个名次和 4 个名次。

表 5-30　温台丽地区整体及所属地市政府廉洁度指标值及排名

地区	政府廉洁度	排名	干部清正	排名
省平均	82.73	—	82.73	—
温台丽	76.34	—	76.34	—
温州	70.67	10	70.67	10
台州	77.25	7	77.25	7
丽水	81.11	6	81.11	6

根据以上分析结果可知，温台丽地区政府廉洁度不高，反映出该区域干部清正度较低，即存在较多的违规违纪现象，其需要进一步加大力度进行整改，不断清除违规违纪现象。从地区来看，温州地区是整改的主要对象，其较低的政府廉洁度拉低了温台丽地区的整体水平。同时，台州和丽水地区虽然政府廉洁度指标值在全省排名不高，但是与 2018 年相比进步较为明显，因此，台州和丽水还需继续努力，强化干部清正，以提高政府廉洁度。

(6)政府透明度指标分析

本指标旨在测度政府运行的透明度情况，主要设置信息公开和财政透明 2 个二级指标来进行测算和分析，具体如表 5-31 所示。根据表 5-31 中的数据，温台丽地区整体的政府透明度指标值为 88.24，高于省平均水平（87.62），表现较好。从地区来看，温州地区的政府透明度指标值最高，为 90.98，在全省 11 个地市中排名第三，较 2018 年上升了 5 个名次；其次是丽水地区，政府透明度指标值为 89.64，排名第四，与 2018 年相比上升了 5 个名次；台州地区指标值最低，为 84.11，排名第十，与 2018 年相比下降了 6 个名次。

从政府透明度的构成指标来看，在信息公开方面，温台丽地区的指标值为 88.02，高于省平均水平（86.69）。其中：丽水指标值为 94.60，在全省

11个地市中排名第三；温州指标值为88.70，排名第五；台州指标值为80.80，排名第九。 在财政透明指标方面，温台丽地区的指标值为88.46，略低于全省平均水平（88.53）。 其中：温州指标值为93.24，全省排名第四；台州指标值为87.46，排名第八；丽水指标值为84.68，排名第九。

表 5-31　温台丽地区整体及所属地市政府透明度指标值及排名

地区	政府透明度	排名	信息公开	排名	财政透明度	排名
省平均	87.62	—	86.69	—	88.53	—
温台丽	88.24	—	88.02	—	88.46	—
温州	90.98	3	88.70	5	93.24	4
台州	84.11	10	80.80	9	87.46	8
丽水	89.64	4	94.60	3	84.68	9

通过对上述指标表现的分析，我们可以看出：

第一，从整体来看，温台丽的政府透明度表现较好，这主要得益于温州和丽水地区较高的政府透明度指标值；台州较低的政府透明度拉低了温台丽的整体水平，因此需要提高台州的政府透明度。

第二，从地区来看，温州地区的财政透明和信息公开指标值排名均较为靠前，成为温台丽地区财政透明方面的优势，但与杭州、宁波等地相比，还存在一定的差距，因此其仍需提高当地的财政透明情况和信息公开度。 台州的财政透明和信息公开指标值排名均较为靠后，因此其需要大力提高该地区的政府透明度水平。 丽水地区的相对优势是信息公开，相对弱势是财政透明，因此其需要在财政透明度上投入更多的精力。

(7)政府廉洁感知度指标分析

政府廉洁感知度通过创业者对廉洁的感知度和专业人士对廉洁的感知度2个指标进行测算和分析。

由表5-32可见，温台丽地区整体的政府廉洁感知度指标值为90.09，高于省平均水平（88.67）。 其中：台州和丽水的政府廉洁感知度指标值较高，分别为92.09和91.07，在全省11个地市中的排名分别为第四位和第六名，与2018

年相比，台州名次保持不变，丽水则上升了 1 个名次；温州地区的政府廉洁感知度指标值相对较低，为 87.10，排名第八，较 2018 年下降了 1 个名次。

根据上述分析可知，温台丽地区的政府廉洁感知度整体表现较好，尤其是台州和丽水表现较佳，但与舟山、绍兴等地相比，略有不足，因此，需进一步提高政府廉洁感知度，尤其是提高创业者对政府廉洁的感知度。

表 5-32　温台丽地区整体及所属地市政府廉洁感知度指标分析

地区	政府廉洁感知度	排名	对廉洁的感知度	排名
省平均	88.67	—	89.50	—
温台丽	90.09	—	91.77	—
温州	87.10	8	87.10	8
台州	92.09	4	92.09	4
丽水	91.07	6	91.07	6

5.3.3　温台丽地区新型政商关系评估总结与政策建议

(1)当前温台丽地区新型政商关系构建情况总结

通过对浙江省温台丽地区新型政商关系"亲清"指数的评估与分析，我们了解了当前温台丽地区及所属地市新型政商关系的构建情况，并总结了其新型政商关系中的强弱项。

第一，温台丽地区的新型政商关系总体水平较一般，反映出该地区在构建新型政商关系的过程中还未完全将"亲"和"清"做到实处。温州、台州、丽水 3 地水平相差不大，在全省处于中等水平。"亲近"指数是温台丽的短板。相比"亲近"指标来说，"清白"指数得分较高。从"清白"指数和"亲近"指数下的一级指标来看，政府亲近感知度、政府透明度和政府廉洁感知度是温台丽地区的优势，而政府支持力和政府廉洁度是温台丽地区的短板，是需要重点加强的地方。另外，温台丽地区的政府服务力和民营企业活跃度也处于中间水平，仍需要进一步提高。

第二，温州地区的民营企业活跃度和政府透明度较 2018 年有了较大的提高，但该地区的政府廉洁度指标值较低，对"清白"指数的影响较大，进而使得温州市"亲清"指数排名相对靠后。 在"亲近"指数的构成指标中，政府对企业的服务、民营企业活跃度和政府亲近感知度指标值均较高，是温州新型政商关系体系中的强项；政府对企业的支持指标值最低，拉低了温州的"亲近"指数，是温州政商关系构成体系中的弱项。 从"亲近"指标的二级构成指标来看，温州地区的服务完备与准确度和服务成熟与成效度指标值均较高，是温州政商关系之亲近关系中的强项；基础环境、金融环境和税赋环境指标值均较低，使得政府对企业的支持指标值较低，因而这几个方面是温州地区需要着力提高和改善的。 在"清白"指数的构成指标中，政府透明度指标值最高，是该地区的强项，而政府廉洁度指标值最低，是该地区的弱项。

第三，台州地区的民营企业活跃度指标值相比 2018 年有了较大的提高，而政府廉洁度指标值和政府对企业的支持指标值相对较低，对"清白"指数的影响较大，进而影响了台州"亲清"指数的排名。 在"亲近"指数的构成指标中，政府对企业的服务、民营企业活跃度和政府亲近感知度指标值均较高，是台州新型政商关系体系中的强项；政府对企业的支持指标值最低，拉低了台州的"亲近"指数，是台州政商关系构成体系中的一个弱项。 从二级构成指标来看，服务完备与准确度和服务成熟与成效度指标值均较高，是台州政商关系之亲近关系中的强项，基础环境、金融环境和税赋环境指标值均较低，需要全面改进。 在"清白"指数的构成指标中，政府廉洁感知度是强项，政府透明度是弱项。

第四，丽水地区"清白"指数下的政府清廉感知度和政府透明度指标值较高，是该地区的优势，但"亲近"指数下的政府对企业的支持和民营企业活跃度指标值均较低，且排名较为靠后，因而影响了丽水"亲清"总指数和其在全省的排名，其是丽水政商关系中的短板。 在"亲近"指数的构成指标中，政府对企业的服务和政府亲近感知度指标值均较高，是丽水新型政商关系体系中的强项；政府对企业的支持和民营企业活跃度指标值均较低，拉低了丽水的"亲近"指数，是丽水政商关系构成体系中的一个弱项。 进一步地，从二级构成指标来看，服务完备与准确度和服务成熟与成效度指标值均较高，是丽水政商关系之亲近关系中的强项；金融环境和税赋环境指标值均较低，使得政府对企业的支持指标值较低，排名靠后，因此这两方面是丽水地区需要重点提高和改善的。 在"清白"指数的构成指标中，政府清廉感知度指标值最高，是强项。

（2）提升温台丽地区新型政商关系构建的政策建议

为了进一步推进温台丽地区"亲清"新型政商关系的构建，本部分提出以下对策建议。

第一，在政府服务力方面，温州地区应继续发挥温州特色政务服务，保持政府对企业服务力的不断提高。 台州和丽水地区应在保持服务成熟与成效度较高这一优势的前提下，进一步提升政府服务完备和准确度。 温台丽地区政府应编制科学合理、简便易懂的办事流程和办事指南，提升办事流程和办事指南的完整性和可获取性，提升在线办事效率，提高办事成熟度与成效度，加速成为服务型政府。

第二，在政府支持力方面，基础环境、金融环境和税赋环境是温台丽地区政府均需要改善的地方。 在基础环境方面，温台丽地区各级政府要进一步落实社会信用体系建设工作，继续推广"信用＋平台""信用＋农村""信用＋监管"等"信用＋"模式。 在金融环境方面，进一步提升温台丽地区企业的发展规模、发展质量并扩大其业务发展空间范围，以提高温台丽地区上市公司的数量，从而进一步促进企业的高质量和创新发展。 银行系统要尽量站在企业的角度，帮助企业解决融资问题。 在税赋环境方面，温台丽地区仍然要在未来一段时期里进一步按照国务院的统一部署，落实降税减税政策，尤其是落实国务院支持创业创新和小微企业发展的税收优惠政策，打好税收政策的组合拳，努力降低企业的税收负担。

第三，在民营企业活跃度方面，在全市"两个健康"先行区的大力建设下，温州地区的民营企业活跃度已经取得了较好的成绩。 因此，温州地区应继续落实"两个健康"发展政策和措施，始终围绕立足民力、依靠民资、发展民营、注重民富、实现民享的目标，不断创造生机勃勃的"温州模式"，实现富民与强市的统一。 通过政府设身处地地化解企业发展难题，打出组合拳；开展"万名干部进万企"活动，提供精准服务，聚焦聚力高质量、竞争力、现代化，实现温州地区新优势发展，再创高质量发展新辉煌。 台州地区应重点加强和提高民营企业活跃度。 在新经济形势下，台州市政府要继续积极优化制度，营造公平、有序、法治的市场竞争环境，尤其在租赁与商业服务业、零售业、批发业和制造业等主要行业方面，全市要以"小微企业三年成长计划"为指导，坚持"政府引导、市场运作"，不断激发市场主体创新创业热情，让小微企业做大做强，从切实降低企业制度性交易成本等方面为创业企业提供信息支持，解决创业难题，以提升台州民营企业活跃度水平。 丽水地区要坚持问题导向和需求导向，落实好《关于进一步优化营商环境促进民营经济高质量发展的若干意见》，并加快出台更多有利于民营企业发展的分领域、有针对性的扶持政策。

第四，在政府亲近感知度方面，温台丽地区政府要采取相应的政策措施来进一步提高政府亲近感知度。 温台丽地区各政府部门要充分认识到创业企业是经济活力的重要来源，要树立主动服务企业的理念，多到企业走访调研，了解企业发展中存在的问题和需求。 尤其是不同的政府部门要通过到企业调研，切实了解和分析企业的问题，积极帮助企业解决其面临的实质性难题，为民营企业提供服务，让企业充分体会到政府的关怀和帮助，以提高民营企业对政府的亲近感知度。

第五，在政府廉洁度方面，温台丽地区要高度重视进一步推进市政府部署的政府系统廉政建设工作，以绝对看齐姿态把廉政建设摆上更加突出的位置，提高政治站位，强化责任担当；同时，要结合全省全市警示教育活动，紧扣清廉建设目标，找差距、补短板、堵漏洞，推动廉政工作取得更大成效；要以永远在路上的韧劲和执着打造廉洁政府，对标对表新要求、新任务，大力加强政治建设，全面压实主体责任，强化廉政风险防控，抓严抓实作风建设；要采取有力有效措施，以"政府瘦身"促进"反腐强身"，全力抓好减税降费、简政放权、基层减负3项重点工作。

第六，在政府透明度方面，温台丽地区应进一步推进财政资金信息的公开，要更加细化财政预算的信息，真正做到将政府账本晒清楚、晒完整，使社会公众看得到、看得懂、易监督。 同时，要进一步做好公共资源配置信息公开、重大建设项目信息公开、公共服务信息公开、环境保护信息公开、食品药品安全信息公开等方面的工作，让百姓更加了解政府的工作动态和成效。

第七，在政府廉洁感知度方面，温台丽地区政府应当落实"清廉"工作：一要广开言路，畅通举报渠道，多层次、多渠道地受理群众的举报；二要提升党员干部作风意识，督促履责担当，注重源头预防，不断拓宽宣传渠道，创新活动载体；三要通过明察暗访、重点抽查、基层接访等方式，不定时地对党员干部作风建设情况进行日常督查，并将督查范围延伸至审批窗口、基层站所、社区、村居"两委"等更接地气、更近民生的部门，达到不仅政府部门做到廉洁，而且百姓能感知的状态。

5.4　浙中西城市群之金衢地区分析

5.4.1　金衢地区新型政商关系总体分析

我们将金衢地区当成一个主体①代入浙江省 11 地市进行分析（总数变为12 个），列出了金衢作为主体及金衢 2 市的"亲清"指数各指标情况（见表5-33），并将从总体和分指标对金衢地区的新型政商关系情况进行分析。

(1)金衢地区及所属地市"亲清"指数总体情况

从表 5-33 可以看出，2019 年，金衢地区新型政商关系"亲清"指数为79.80，低于省平均水平（83.30），排名第十；金衢地区的金华和衢州的"亲清"指数分别排名第六和第十二，可见金衢地区的新型政商关系总体表现一般，尤其是衢州，表现较差，成为金衢地区在"亲清"指数上表现不佳的主要原因。在"亲近"指数上，金衢地区为 80.40，略高于省平均水平（80.30），排名第六；金华和衢州分别排名第四和第九。在"清白"指数上，金衢地区为 79.10，低于省平均水平（86.00），排名第十一；金华和衢州分别排名第八和第十二，皆表现不佳。

---

① 方法为将金衢 2 市各指标值的平均数作为金衢主体的指标数值。

表 5-33　金衢地区整体及所属地市的"亲清"指数各指标情况

一级指标	省平均值	金衢地区		金华		衢州	
		数值	省排名	数值	省排名	数值	省排名
政府对企业的服务	87.70	89.80	4	85.80	9	93.80	1
政府对企业的支持	73.10	72.40	5	71.20	8	73.60	4
民营企业活跃度	81.50	86.30	3	93.40	1	79.20	8
政府亲近感知度	85.40	72.90	11	84.30	8	61.40	12
政府廉洁度	83.60	73.40	10	76.70	8	70.00	12
政府透明度	87.60	89.40	5	86.20	8	92.70	2
政府廉洁感知度	88.70	78.10	11	85.60	8	70.60	12
"亲近"指数	80.30	80.40	6	81.30	4	79.60	9
"清白"指数	86.00	79.10	11	81.30	8	76.90	12
"亲清"指数	83.30	79.80	10	81.30	6	78.20	12

(2)金衢地区及所属地市"亲清"指数下各一级指标情况简述

下面我们从 7 个一级指标来进行分析。 图 5-3 给出了直观展现。

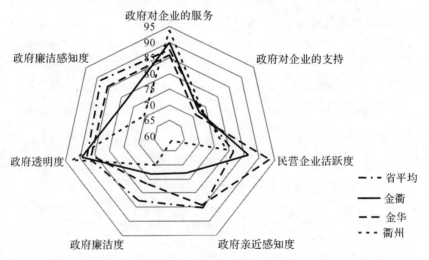

图 5-3　金衢地区及其所属地市"亲清"指数下各指标情况

在政府服务力方面，金衢地区指标值为 89.80，高于省平均水平（87.70），排名第四，可见在政府服务力方面，金衢地区发展较好。 其中：衢州指标值为93.80，排名第一，是两市中表现较好的；金华指标值为85.80，低于省平均水平，排名第九。

在政府支持力方面，金衢地区指标值为72.40，略低于省平均水平（73.10），排名第五。 其中：衢州指标值为73.60，高于省平均水平，排名第四，是两市中表现较好的；金华指标值为71.20，低于省平均水平，排名第八。

在民营企业活跃度方面，金衢地区指标值为86.30，高于省平均水平（81.50），排名第三，可见在民营企业活跃度方面，金衢地区发展较好。 其中：金华指标值为93.40，高于省平均水平，排名第一；衢州指标值为79.20，低于省平均水平，排名第八，表现欠佳。

在政府亲近感知度方面，金衢地区指标值为72.90，远低于省平均水平（85.40），排名第十一，可见政府亲近感知度方面是金衢地区的短板之一。其中，金华排名第八，而衢州排名垫底，都拉低了金衢地区的整体排名。

在政府廉洁度方面，金衢地区指标值为73.40，低于省平均水平（83.60），排名第十，可见政府廉洁度也是金衢地区的一块短板。 其中：金华指标值为76.70，低于省平均水平，排名第八；衢州指标值仅为70.00，远低于省平均水平，排名最末。

在政府透明度方面，金衢地区指标值为89.40，高于省平均水平（87.60），排名第五，总体表现一般。 其中：衢州指标值为92.70，远高于省平均水平，排名第二；金华指标值为86.20，低于省平均水平，排名第八，可见金华在一定程度上拉低了金衢地区的政府透明度指标值。

在政府廉洁感知度方面，金衢地区指标值为78.10，远低于省平均水平（88.70），排名第十一，表现较差，可见政府廉洁感知度也是金衢地区的弱项。 其中：金华指标值为85.60，低于省平均水平，排名第九；衢州指标值为70.60，远低于省平均水平，排名垫底。

我们根据表5-33和图5-3进行简单小结：

在各一级指标方面，金衢地区整体在政府对企业的服务、民营企业活跃度方面表现优异，在政府对企业的支持、政府透明度方面表现尚可，而在政府亲近感知度、政府廉洁度、政府廉洁感知度方面表现不佳。

从金衢地区所属地市来看，在政府服务力与政府支持力方面，衢州表现较好，而金华拉低了地区表现；在民营企业活跃度方面，金华表现较好，而衢州拉低了地区表现；在政府亲近感知度方面，两者表现都欠佳；在政府廉洁度方面，两者表现也都不好；在政府透明度方面，衢州排名第二，而金华则位列第八，拉低了地区表现；在政府廉洁感知度方面，两者表现都比较差。

5.4.2　金衢地区新型政商关系的具体分析

为更加清楚、具体地了解金衢地区整体及其所属地市新型政商关系的构建情况，本节将对各一级指标及其分指标的数值情况进行分析，以发现金衢地区整体及其所属地市在新型政商关系构建中存在的问题与不足，总结相关经验，来支撑下一步政策建议的提出。

(1)政府对企业的服务指标分析结果

根据表 5-34 中的数据，我们可以对政府对企业的服务指标进行分析。 金衢地区在政府服务力方面表现良好，不仅政府对企业的服务指标值（89.80）高于省平均水平（87.70），而且其下 2 个二级指标的表现也在中上水准，指标值均高于省平均水平。 这主要由于衢州表现优秀（93.80），政府对企业的服务指标值排名第一，且 2 个二级指标值也远高于省平均水平。 金华在政府服务力方面的表现居于全省下游，其中二级指标服务完备与准确度指标值排名第十一，短板明显，一正一负拉低了该地区的名次。

表 5-34　金衢地区整体及所属地市政府对企业的服务指标分析

地区	政府对企业的服务	排名	服务完备与准确度	排名	服务成熟与成效度	排名
省平均	87.70	—	86.70	—	88.70	—
金衢	89.80	4	87.20	6	92.40	4
金华	85.80	9	81.80	11	89.80	7
衢州	93.80	1	92.70	3	95.00	3

通过对上述指标表现的分析，我们可以看出：

第一，在服务完备与准确度方面，金华在省内的排名居于末流，在提升政府对企业的服务完备与准确度上，特别是服务方式完备度、服务事项覆盖度、办事指南准确度方面，表现不理想，改进的空间较大。

第二，在服务成熟与成效度方面，金华在省内处于中下游水平，在政府对企业的办事事项流程的完整和办事的效率上，特别是在线服务成熟度、在线服务成效度方面，还需要进一步着力，以配合企业发展的需要。

第三，整体来看，金华在政府服务力方面表现不佳，需要全面提升；衢州虽然表现优异，但是仍存在一定的提升空间。两市可以加强合作，互相学习，推动区域一体化，强化在政府服务上的共同表现。

(2)政府对企业的支持指标分析结果

根据表 5-35 中的数据，我们可以对政府对企业的支持指标进行分析。金衢地区在政府支持力方面表现一般（指标值为 72.40），略低于省平均水平（73.06）。在 2 个地市方面，衢州（73.60）位列第四，而金华（71.20）排名第八，差异较明显。在 3 个二级指标方面，金衢地区的基础环境指标值为72.90，低于省平均水平（73.71），位列第七；金融环境指标值为 66.40，低于省平均水平（69.25），位列第七，表现一般；税赋环境指标值为 78.90，高于省平均水平（76.95），位列第三，表现较好。由此可见，基础环境和金融环境是金衢地区需要进一步提升的重要方面。

具体来看，在基础环境方面，金华（73.50）排名第六，表现良好，衢州（72.30）排名第八，表现较差；在金融环境方面，金华（68.90）排名第三，表现优异，而衢州（63.80）排名第十，将金衢地区的整体排名大大拉低；在税赋环境方面，衢州（85.60）排名第二，而金华（72.10）排名倒数第二，两市差异显著。

表 5-35　金衢地区整体及所属地市政府对企业的支持指标分析

地区	政府对企业的支持	排名	基础环境	排名	金融环境	排名	税赋环境	排名
省平均	73.06	—	73.71	—	69.25	—	76.95	—
金衢	72.40	5	72.90	7	66.40	7	78.90	3
金华	71.20	8	73.50	6	68.90	3	72.10	11

续 表

地区	政府对企业的支持	排名	基础环境	排名	金融环境	排名	税赋环境	排名
衢州	73.60	4	72.30	8	63.80	10	85.60	2

通过对上述指标表现的分析,我们可以看出:

第一,从金衢地区政府支持力总体表现来看,金华是明显的短板。金华的3项二级指标中,税赋环境位列倒数第二,基础环境指标值略低于省平均水平,因此金华需要全面提升其政府支持力水平,特别是对税赋环境进行改善。

第二,衢州是金衢地区政府支持力方面表现较好的,但也要看到衢州的整体排名较好主要是因为其税赋环境特别优良,事实上,其基础环境与金融环境指标值都排名下游,还存在很大的进步空间,因此,衢州今后还是要扎实做好这两方面的工作。

(3)民营企业活跃度指标分析结果

在一级指标民营企业活跃度下,我们只设置了民营企业活跃度这1个二级指标,其下还设置了创业活跃度、专业人士对企业活跃度的感知度和新增企业增长率这3个三级指标。

表5-36中的数据显示,金衢地区整体的民营企业活跃度指标值(86.30)高于省平均水平(81.47)。其中:金华(93.40)位列全省第一,表现优异;衢州(79.20)位列第八,低于省平均水平。

表 5-36　金衢地区整体及所属地市民营企业活跃度指标分析

地区	民营企业活跃度(一级指标)	排名	民营企业活跃度(二级指标)	排名
省平均	81.47	—	81.50	—
金衢	86.30	3	86.30	3
金华	93.40	1	93.40	1
衢州	79.20	8	79.20	8

我们调取了金衢两市的创业活跃度、专业人士对企业活跃度的感知度、2019年新增企业增长率这3个指标来进行具体分析。从表5-37中的数据来

看，在创业活跃度方面，金衢地区排名第六，金华、衢州分别排名第八、第五，两市表现一般；在专业人士对企业活跃度的感知度方面，金衢地区排名第九，金华、衢州分别排名第八、第十，两市指标值均位于全省中下游；在2019年新增企业增长率方面，金衢地区排名四，金华、衢州分别排名第一、第七，衢州排名的靠后拉低了金衢地区该指标的排名。

表 5-37　金衢地区整体及所属地市民营企业活跃度三级指标分析

地区	创业活跃度（％）	排名	专业人士对企业活跃度的感知度	排名	2019 年新增企业增长率（％）	排名
金衢	31.3	6	0.611	9	16.90	4
金华	30.6	8	0.689	8	31.10	1
衢州	32.0	5	0.533	10	2.70	7

通过对上述指标表现的分析，我们可以看出：

第一，金华在创业活跃度方面整体表现一般（排名第八），其专业人士对企业活跃度的感知度指标值排名中等，在这方面还存在进步空间，但金华2019年新增企业增长率排名第一，说明2019年金华的民营企业活跃度很好，应继续保持。

第二，衢州在专业人士对企业活跃度的感知度方面排名第十，同时2019年新增企业增长率（2.70％）只能暂时保持经济平稳，其需要在促进创业方面加大力度，特别是在新冠肺炎疫情的冲击下，更需要依靠大众创业来保持经济发展。

（4）政府亲近感知度指标分析结果

一级指标政府亲近感知度由对亲近的感知度这个二级指标构成，其下还有创业者对亲近的感知度和专业人士对亲近的感知度这2个三级指标。

由表5-38中的数据可见，金衢地区整体的政府亲近感知度（72.90）远远低于省平均水平（85.39），排名第十一，是7个一级指标中的弱项，其中金华（84.30）排名第八，衢州（61.40）排名垫底，均表现不佳。

表 5-38　金衢地区整体及所属地市政府亲近感知度指标分析

地区	政府亲近感知度	排名	对亲近的感知度	排名
省平均	85.39	—	85.40	—
金衢	72.90	11	72.90	11
金华	84.30	8	84.30	8
衢州	61.40	12	61.40	12

我们进一步调取了金衢两市创业者对亲近的感知度和专业人士对亲近的感知度这 2 个指标的数据并进行分析。从表 5-39 中的数据来看，在创业者对亲近的感知度方面，金衢地区排名第十一，其中金华（0.75）排名第八，而衢州（0.67）排名垫底，表现不佳，是拉低整体政府亲近感知度的重要因素。在专业人士对亲近的感知度方面，金衢地区（0.72）排名第八。其中：金华（0.73）排名第六，说明专业人士对金华在亲近方面感知度一般；衢州则不太受专业人士青睐，排名靠后，拉低了这一指标的地区整体排名。

表 5-39　金衢地区整体及所属地市政府亲近感知度指标分析

地区	创业者对亲近的感知度	排名	专业人士对亲近的感知度	排名
金衢	0.71	11	0.72	8
金华	0.75	8	0.73	6
衢州	0.67	12	0.71	9

通过对上述指标表现的分析，我们可以看出：

第一，金衢地区在政府亲近感知方面表现不佳（排名第十一），远远低于其在政府服务力和政府支持力这 2 个一级指标上的表现（分别排名第四和第五），说明企业对于政府政商关系构建的感知低于其表现，政府还是要在政府服务和政府支持方面转变思路，从企业的切身需求出发，提高企业方面的感知度。

第二，分地区来看，金华在创业者对亲近的感知度和专业人士对亲近的感知度这 2 项指标上均表现中庸；衢州在这 2 项指标上均表现较差，特别是创业者的感知度方面，其排名垫底，需要好好提升。

(5)政府廉洁度指标分析结果

表 5-40 中的数据显示,金衢地区整体的政府廉洁度指标值(73.40)远低于省平均水平(82.73),排名第十,总体表现较差。其中:金华(76.70)排名第八,居于全省下游;衢州(70.00)远低于省平均水平,排名最后一位,存在很大的问题。

表 5-40　金衢地区整体及所属地市政府廉洁度指标分析

地区	政府廉洁度	排名	干部清正	排名
省平均	82.73	—	82.70	—
金衢	73.40	10	73.40	10
金华	76.70	8	76.70	8
衢州	70.00	12	70.00	12

通过对上述指标表现的分析,我们可以看出,提升金衢地区政府廉洁度的关键在于衢州。衢州自 2018 年起开始聚焦清廉文化、清廉机关、清廉村居、清廉学校、清廉医院、清廉国企、清廉民营企业这 7 个领域,制定出台了相关实施办法,分领域推进社会共建清廉衢州工作,相信衢州的廉洁政府建设会很快见效。

(6)政府透明度指标分析结果

表 5-41 中的数据显示,金衢地区整体的政府透明度指标值为 89.40,高于省平均水平(87.62),排名第五。金衢两市差异较大,其中衢州(92.70)排名第二,而金华(86.20)排名第八,相对靠后。

我们进一步来看 2 个二级指标的具体情况。在信息公开方面,金衢地区整体指标值为 88.20,高于省平均水平(86.69),排名第六。其中:金华指标值较低(83.40),排名第九;衢州表现尚可(93.00),高于省平均水平,排名第四。在财政透明方面,金衢地区整体指标值为 90.60,略高于省平均水平(88.53),排名第六;同时,金华(88.90)和衢州(92.40)的指标值均高于省平均水平,分别排名第八和第五。

表 5-41　金衢地区整体及所属地市政府透明度指标分析

地区	政府透明度	排名	信息公开	排名	财政透明	排名
省平均	87.62	—	86.69	—	88.13	—
金衢	89.40	5	88.20	6	90.60	6
金华	86.20	8	83.40	9	88.90	8
衢州	92.70	2	93.00	4	92.40	5

通过对上述指标表现的分析,我们可以看出:

第一,金衢地区整体政府透明度表现一般的原因在于金华表现不佳,拉低了地区排名。 金华的政府透明度总体位列第八,在信息公平、财政透明两方面表现不佳,均位于下游,因此金华需要在这两方面加以努力。

第二,衢州的政府透明度指标值排名较高,但是在信息公开和财政透明两方面都还存在进步空间。

(7)政府廉洁感知度指标分析结果

由表 5-42 中的数据可见,金衢地区整体的政府廉洁感知度指标值(78.10)远远低于省平均水平(88.67),排名第十一,是 7 个一级指标中的弱项,其中金华(85.60)排名第九,衢州(70.60)排名第十二,均表现不佳。

表 5-42　金衢地区整体及所属地市政府廉洁感知度指标分析

地区	政府廉洁感知度	排名	对廉洁的感知度	排名
省平均	88.67	—	88.70	—
金衢	78.10	11	78.10	11
金华	85.60	9	85.60	9
衢州	70.60	12	70.60	12

我们进一步调取了金衢两市创业者对廉洁的感知度和专业人士对廉洁的感知度这 2 个指标的数据并进行分析。 从表 5-43 中的数据来看,在创业者对廉洁的感知度方面,金衢地区排名第十一,其中金华排名第八,但衢州排名第十二,因而大大拉低了地区整体排名;在专业人士对廉洁的感知度方面,金衢

地区排名第九，金华、衢州分别排名第十、第七，均表现不佳。

表 5-43　金衢地区整体及所属地市对廉洁的感知度指标分析

地区	创业者对廉洁的感知度	排名	专业人士对廉洁的感知度	排名
金衢	0.68	11	0.70	9
金华	0.75	8	0.69	10
衢州	0.62	12	0.71	7

通过对上述指标表现的分析，我们可以看出，在政府廉洁感知度方面，金衢地区表现较差，需要努力改进，但具体从 2 个三级指标来看，两市在专业人士对廉洁的感知度和创业者对廉洁的感知度方面存在偏差，因此两市可从这方面入手，探究政府廉洁感知度低的原因，提升政府廉洁度在专业人士和创业者心中的感知度。

5.4.3　金衢地区新型政商关系评估总结与政策建议

(1)当前金衢地区新型政商关系构建情况总结

经过对浙江省金衢地区新型政商关系"亲清"指数的评估与分析，我们对当前金衢地区新型政商关系的构建情况进行了总结分析，其结果可以用"总体一般、优缺明显"来概括。下面我们分别总结其强弱项。

第一，金衢地区的新型政商关系总体水平欠佳（"亲清"指数排名第十），反映出该地区近年来在构建新型政商关系的过程中仍有较多不足，需要进步和改善，虽然金华表现较好（排名第六），但衢州表现较差（排名第十二），拉低了金衢地区的整体水平。

第二，金衢地区整体的"清白"指数水平更低（排名第十一），是拉低"亲清"指数的弱项，其中金华表现一般（排名第八），而衢州表现较差（排名第十二），是金衢地区的短板。

第三，金衢地区整体"亲近"指数水平较"清白"指数水平高（"亲近"指数排名第六）。其中，金华表现较好（排名第四），是金衢地区的领头羊，而衢州则表现一般（排名第九）。

第四,政府亲近感知度(排名第十一)、政府廉洁度(排名第十)、政府廉洁感知度(排名第十一)这 3 个一级指标是金衢地区的弱项,民营企业活跃度(排名第三)、政府对企业的服务(排名第四)这 2 个一级指标是金衢地区的强项,政府对企业的支持(排名第五)、政府透明度(排名第五)这 2 个一级指标表现尚可。

第五,在弱项指标政府亲近感知度方面,金华表现一般(排名第八),衢州排名最末,两市都需要在政府亲近感知度方面加大力度。 其中,在创业者对亲近的感知度方面,金华和衢州分别排名第八和第十二;在专业人士对亲近的感知度方面,金华和衢州分别排名第六和第九,均有提升的空间。

第六,在弱项指标政府廉洁度方面,衢州表现较差(排名第十二),金华指标值不及省平均水平(排名第八)。

第七,在弱项指标政府廉洁感知度方面,金华表现不佳(排名第九),衢州则排名垫底。 金衢地区在创业者对廉洁的感知度和专业人士对廉洁的感知度这 2 个二级指标上都排名靠后(分别排在第十一位和第九位)。

第八,在强项指标民营企业活跃度方面,金华表现优异(排名第一),其 2019 年新增企业增长率更是达到 31%,遥遥领先,但其在专业人士的感知度及创业活跃度上表现一般(均排名第八);衢州的民营企业活跃度则表现一般(排名第八),其在创业活跃度上表现较好(排名第五),但在专业人士对企业活跃度的感知度上表现不佳(仅排名第十),2019 年新增企业增长率也仅为 2.70%(排名第七)。

第九,在强项指标政府服务力方面,衢州表现优异(排名第一),金华则表现一般(排名第九,除去金衢地区整体则排名第八)。

第十,在一般项指标政府支持力方面,衢州表现较好(排名第四),但其主要靠税赋环境(排名第二),而基础环境、金融环境指标值分别只位列第八和第十,需要大力改进;金华则表现欠佳(排名第八),金融环境、基础环境、税赋环境指标值分别排名第六、第三、第十一,其中税赋环境是弱项,需要进一步改善。

第十一,在一般项指标政府透明度方面,衢州表现优异(排名第二),金华则表现欠佳,指标值略低于省平均水平(排名第八)。

（2）加快金衢地区新型政商关系构建的政策建议

根据上述对于金衢地区新型政商关系评估结果的分析，我们从各地市角度出发，为提升金衢地区新型政商关系水平提出以下政策建议。

第一，要提升政府廉洁度（金华排名第八，衢州排名第十一）。 政府必须坚决推进反腐败工作，全市各级党组织和纪检监察组织要切实担起管党治党责任，继续保持对违纪违法干部的查处力度，加快建设"清廉衢州"和"清廉金华"；同时，突出全面从严治党主线，以"清廉衢州"建设为主体，以清廉教育、清廉企业、清廉乡村建设为支点，把"清廉地区"建设融入全市经济、政治、文化、社会和生态文明建设的各个领域，贯穿于党的建设的各个方面，为金衢地区经济社会发展提供坚实的保障。

第二，要提升政府廉洁感知度（金华排名第九，衢州排名第十一）。 不论在创业者对廉洁的感知度方面，还是在专业人士对廉洁的感知度方面，两市表现都不佳，位于全省中下游水平。 因此，政府要广开言路，畅通举报渠道；致力于提升党员干部作风意识，督促履责担当，注重于源头预防，不断拓宽宣传渠道；通过明察暗访、重点抽查、基层接访等方式，不定时对全市党员干部作风建设情况进行日常督查，将廉洁作风落到实处，使人民群众能够感知到。 政府要善用"负面清单""权力清单""责任清单"来解决问题。 明确企业的经营范围，坚持"法无授权不可为"，确保"法无禁止皆可为"；明确政府的行为界限，尽可能界定具体工作中容易出现的模糊地带，尽量把细节要求补足；明确政府的市场监管范围，做到"法定责任必须为"。

第三，要提升政府亲近感知度（金华排名第八，衢州排名第十一）。 针对企业家不"亲"政府的问题，应多多开展政企交流。 这种交流可以通过现场会议的形式，也可以采取政府到企业调研的形式进行。 政府要倾听企业意见，切实解决企业难题，强化沟通意识，保证沟通渠道充分和通畅，积极帮助企业解决其面临的实质性难题，为民营企业提供服务，让企业充分体会到政府的关怀和帮助，以提高民营企业对政府的亲近感知度。

第四，要加强金衢地区之间构建新型政商关系时的交流。 我们发现，多个指标中,金衢两地之间差别极大:在政府服务力上,金华排名第八①,表现一般,而衢州则排名第一,金华应当向衢州学习和借鉴;在民营企业活跃度上,衢州排名第八,而金华排名第一,衢州应向金华学习;在政府透明度上,金华排名第八,而衢州排名第二,金华应向衢州取经。 我们也看到,金衢地区多个指标均表现不佳:在政府亲近感知度上,金华、衢州分别排名第八、第十一;在政府廉洁感知度上,金华、衢州分别排名第八、第十一。 因此,加强两地之间的交流,共同营造良好的区域营商环境,互相取长补短必不可少;另外,在两者皆表现欠佳的几个方面,多向其他地区学习也同样重要。

---

① 此处是除去金衢地区整体后的排名,本段下同。

6 浙江省新型政商关系典型案例分析

6.1 杭州：亲清新型政商关系数字平台

政府、企业、社会等多元主体共同参与治理是推进国家治理体系和治理能力现代化的必经之路。 着眼于政府与企业的协同联动，习近平总书记在党的十九大报告中指出："构建亲清新型政商关系，促进非公有制经济健康发展和非公有制经济人士健康成长。"习近平总书记的讲话，是对新时代政商关系构建提出的新要求。 新型政商关系概括起来说就是"亲""清"两个字。 构建新型政商关系需要政府与市场、政府与企业"共治"，而实现多主体的共同参与，则需要构建更加高效开放、智能联动的治理平台。 近年来，以大数据、云计算、人工智能为代表的信息技术不断涌现，赋予技术治理新的发展动能。 从国家到地方层面的实践来看，技术治理正在加速解构既有的传统社会治理模式，给社会治理体系带来颠覆性变革，这一过程符合治理能力现代化的根本预期。 浙江作为民营经济与互联网经济大省，具有鲜明的地域特征，通过技术治理赋能新型政商关系，势在必行。

6.1.1 杭州"亲清在线"平台的总体情况

2020 年农历新年伊始,面对突发的新冠肺炎疫情,浙江省各地纷纷按下智慧城市建设快进键,数字化技术成为防控疫情、恢复生产生活秩序的硬核力量。 杭州作为浙江省会城市,具有超大型城市技术治理的丰富经验与先发优势,市政府改革一直走在浙江乃至全国前列,其新型政商关系"亲清"指数长期蝉联浙江省首位。 早在 2016 年,杭州便宣布推出"城市大脑"智慧城市建设计划,让数据帮助城市思考、做决策,打造城市自我调节、人城互动的功能。 4 年来,阿里云、富士康、依图科技等企业与杭州各级政府就超大规模计算平台、数据采集系统、数据交换中心、开放算法平台、数据应用平台等建设开展深度合作。 正是在数字治理有一定积累的背景下,在疫情防控期间,杭州于 2020 年 3 月 2 日正式推出"亲清"政商关系数字平台——"亲清在线"(见图 6-1)。 该平台以"1+12"惠企政策为切入点,通过数据赋能,重在解决企业最关心、最紧迫、最需要的问题,把"亲清"政商关系变得可操作、可考量、可评价,是杭州打造国际一流营商环境的重要抓手。 平台预期实现企业诉求在线直达、政府政策在线兑付、政府服务在线落地、服务绩效在线评价、审批许可在线实现五大功能。 政企之间通过"亲清在线"方式联通,实现企业端与部门端直通,为有效发挥政商协同优势奠定了基础。 以实践操作层面为例,以往惠企政策落地通常采用企业申报、政府审批、逐级拨付的方式,而通过"亲清在线"平台互联网端的申办,可以实现对既有流程的革新,使政府服务企业成为全天候、常态化事项,充分落实"亲"这一特点。 就公权力行使过程而言,全程网上通办可追溯机制亦能够倒逼政府自我革命,促使"用权"变得更加透明且有利于监督,压缩权力寻租空间,有效做到既"亲"又"清"。 作为杭州"城市大脑"的重要组成部分,"亲清在线"平台是数字赋能政府服务企业的一大创新探索。

图 6-1　杭州"亲清在线"平台界面视图

6.1.2　杭州"亲清在线"平台的特点

(1)"亲清在线"平台的缘起

就现实环境而言，新冠肺炎疫情期间，杭州创造性地推出健康码和企业复工复产申报平台，让杭州市政府意识到政府和企业、个人产生"端对端"的联系有了现实的可能，同时，疫情下企业对政策兑付的迫切需求促使杭州市政府推出"亲清在线"平台。就理论环境而言，习近平总书记在 2016 年全国"两会"期间第一次用"亲"和"清"两个字精辟概括并系统阐述新型政商关系，在 2017 年党的十九大报告中再次强调"构建亲清新型政商关系，促进非公有制经济健康发展和非公有制经济人士健康成长"，"亲清在线"平台的整体规划正是以构建新型的亲清政商关系为目的，以期建设一个在线互动的政商服务系统。除了大环境的推动之外，构建亲清政商关系数字平台还源于杭州市政府从"管理型"理念向"服务型"理念的转换。就技术实践环境而言，杭州"城市大脑"智能城市建设计划起步于 2016 年 4 月，最初以交通领域为突破口，2018 年开始进行"城市大脑"中枢系统的构建，每个管理或服务主体都可以通过中枢系统进行数据协同，截至 2020 年 10 月，已形成 11 大系统、48 个场景同步推进的良好局面。不得不说，近几年数字化治理的积累促成了"亲清在线"平台的搭建。从某种程度上说，这是数字化转型对服务型政府建设的赋能。

(2)"亲清在线"平台的功能版块

作为"城市大脑"的运用模块,"亲清在线"平台以"1+12"的疫情汇集政策为切入口,以大道至简的服务理念为指引,通过对政府部门轻量级的资源整合、数据协同,形成政商直通车式的在线服务平台,更精确、更直接地为企业主动提供服务,真正实现政府与企业的在线互动、平等互信。 简单来讲,"亲清在线"平台的前端可以分别向企业、政府部门提供政策兑现和互动交流服务等操作功能;后端则通过"城市大脑"中枢系统,与部门及区、县(市)业务系统进行数据协同,实现政策服务、在线互动和决策支持等功能。在正式操作中,"亲清在线"平台一端向所有不同企业开放链接,另一端向所有与企业相关的部门开放链接,政府端和企业端实现双向集群式开放。 企业端支持多个接口的接入,供企业自主选择;同时,在企业端上,一个企业只有一条通道,不需要去寻找各个部门的窗口,这样有利于推动企业从"最多跑一次"向"最多按一次"转变。

具体而言,"亲清在线"平台具有以下几大功能:

一是政府政策在线兑付。 平台接入税务、社保、住房保障、市场监管等政府部门数据,通过后台数据协同,结合企业的诚信承诺,逐步实现所有政策的在线兑付。 "亲清在线"平台上线初始,"年税收50万元以下商贸服务企业补贴"和"企业员工租房补贴"作为首批上线的两项政策率先兑付。 以首批兑现的企业员工租房补贴为例。 按照传统线下方式,员工为获得500元补助,企业和员工个人需要提交工资条和个人纳税凭单、社保缴纳证明、本人和配偶未享受保障房等政策的证明、无房证明、租房合同、结婚证、身份证等7个材料和证明,再经政府部门层层审核后,把补助资金先打给企业,再由企业发给员工。 然而按照"亲清在线"平台流程再造后的逻辑,不需要企业和个人事先提供材料,而是在政府制定标准后经后台数据协同来明确发放对象,然后由企业在网上确认员工的身份信息、个人账户,平台将通过"城市大脑"中枢系统获取轻量级数据,进行比对和审核,企业和个人确认比对结果后,补助资金将被直接发至个人的银行账户或者支付宝账户,实现"码上兑现""瞬时兑现"。

二是企业诉求在线直达。 在传统模式下，政府了解企业困难、问题和需求大多采用实地收集的方式，现在企业通过平台可在线随时随地将企业诉求一键直达政府，变上门收集为在线呼应。 "诉求直达"是"亲清在线"平台继 3 月 2 日上线"惠企政策"之后的第二个功能模块，除了可达到申请速达的要求，还能实现企业诉求"一键"直达政府。 平台通过杭州"城市大脑"中枢系统数据配比，精准掌握符合申请条件的企业名单，根据实际需求，真正将政策红利提供给需要的人群。 平台首批推出"我要招工""我要租房"等主题式的企业诉求反映渠道，支撑政府部门基于企业诉求提供政策的精准供给和资源的在线配给。 比如在"诉求直达"功能下的"我要租房"模块，企业可结合实际情况在线填写房源诉求，政府可通过企业填写的区位、户型、配套及租金等诉求，在下一步房源分配上进行精准配置，实现在线申请、一键签约、当天入住。 已入住的员工还可定期对房源进行评价，实现平台上的双向互动。

三是行政许可在线实现。 在线许可是以一键审批结果为导向的，按照全程在线、流程再造、数据协同理念，推进在线许可高频事项的减事项、减环节、减材料、减时间、减费用，全力打造线上行政服务中心。 行政许可作为"亲清在线"数字政府全新图景中的重要板块，于 2020 年 7 月初正式发布，主要设置投资审批、商事登记（准入登记）等六大子板块，为企业提供集成化、多元化、个性化的政务服务。 首批以企业高频办事事项为优先级，上线了 83 个政务服务事项。 "亲清在线"平台中的行政许可板块并不是简单地将政务服务从线下搬到线上或进行简单的链接，而是在流程再造、数据协同、在线直达等方面进行了颠覆性改革，实现由信息采集替代纸质申报、由数据分析替代人工审核、由集成服务替代单一审批、由在线直达替代逐级报批，是对现有的"最多跑一次"改革进行的在线深化，最终目的是实现业务的打通、流程的再造，让数据线上跑代替企业线下跑，实现政府从"管理型"向"服务型"的深化转型。 比如目前平台已上线的"员工管理"模块，主要为企业提供职工"五险一金"办理服务，企业只需及时更新新进的或离职的员工情况，整理好一张张员工表，人社、医保、公积金等部门系统就能实时接收到相关信息，自动为企业办理职工"五险一金"的参保和缴存登记。 对企业来说，以上政策在提升效率的同时增强了企业获得感。

四是互动交流在线服务。平台集结 800 余名"亲清 D 小二"打造 24 小时全天候在线服务闭环，且由市级各部门及区（县、市）、镇（街）分管领导担任"首席亲清 D 小二"，总领政企互动、难点协调、项目落地等工作。平台推行 24 小时在线服务，人工智能客服 24 小时全天候为企业解答平台上线政策和审批事项的常见问题。"亲清 D 小二"在工作时间内实时在线，非工作时间则推行值班服务制度，对企业提交的咨询、申诉、困难诉求做到即时响应。这意味着杭州各级行政服务中心的部分窗口工作人员，将有可能变身"在线客服"，实时解答企业疑问，实时连接相关部门解决企业诉求。"互动交流"板块的上线意味着"亲清在线"平台于打造之初设定的"政企之间亲清一家"的目标正在一步步变成现实。

6.1.3　杭州"亲清在线"平台对于塑造"亲清"政商关系的作用

中国工程院院士、杭州"城市大脑"总架构师王坚认为，"亲清在线"平台是政府和企业高效协同的典范，是政府服务企业在数字化进程中的重要里程碑，也是数字社会治理的一个优秀典范。政府把公共服务直接办到了企业和群众手心，实现从"大水漫灌"到"精准滴灌"的改变，政企之间真正做到大道至简、亲清一家。不得不说，"亲清在线"平台充分运用"清上加亲、在线互动"的理念，把整合政府资源后的数字化、可视化、平台化、菜单化呈现得十分具象，是政企相互监督的双向互动平台，也是转变政府职能、服务企业、畅通政企互动渠道的"最后一公里"，在重塑杭州新型政商关系中发挥了重要作用，是对"亲""清"二字的有力诠释。其作用有以下几个方面：

一是加强政企平等互动，推动亲商护商安商。传统审核流程复杂、信息不对称等现象，拉远了政府部门和企业之间的距离。而"亲清在线"平台的构建使得政府和企业之间更加平等的互动关系常态化。借助"亲清在线"平台，政府的政策制定、政策推送实现了从以前的"坐店等客"到现在的平等互动。这种平等互动关系的确立，也从某种程度上表现为政府的自我定位从管理向服务转变。第一，针对新冠肺炎疫情这一突发性公共卫生事件，政府通过"亲清在线"平台推出补贴、减租等惠企政策，让企业在危急时期感受到政府的温暖与关怀，较好地体现了政商关系中的"亲"字；第二，此次惠企政策具有普惠性，所有符合条件的市场主体都可主动申请，一键兑付，无差别对待，助力小微企业渡过难关，将更进一步改善政企关系。

二是加强政企平等互信，推动亲商信商尊商。 中国工程院院士王坚认为，"亲清"体现了政府在服务企业过程当中的最大诚意，也体现出了企业所表达的诚信，诚意和诚信形成的良好互动共同组成了"亲清"关系。 "亲清在线"平台正是建立在政商平等互信这一基础之上的，因为仅仅依靠数据协同并不能验核所有政策条件，平台持续运行的前提之一就是政府应充分信任企业，这一政府行为有力地改善了传统政商关系中政府主体的强势地位，尊重企业平等互信，使得企业在危急时刻充分感受到来自政府的安全感，从而拉近政商关系，共同抗疫。 出于社会公平性的考虑，在这过程中，平台也设计了信用承诺的闭环式管理流程，即如果企业未按承诺，提供不实信息，这种行为将被记入失信记录，不仅影响其享受政府政策，而且企业要承担相应法律责任，这在一定程度上保护了大多数企业的合法权益。

三是倒逼政府改革，推动清廉政府建设。 在构建"亲清"关系中如何做到既"亲"又"清"，一直是新型政商关系构建的难点问题。 "亲清在线"平台的出现，对政府部门制定惠企政策形成了倒逼效果。 过去审核流程长、中间环节多，导致某些惠企政策在操作环节上有较大的模糊空间，不仅影响了效率，而且意味着权力寻租的空间加大，使群众获得感减弱，进而导致政策难以真正落地。"亲清在线"平台中政府主动介入，使得公权力在线运行，在行使过程中变得更为透明、更加便于监督，压缩了权力寻租的空间。 技术的可操作性使得政企在线活动全留痕、可追溯，在线评价也实现了企业对政府行为的实时在线监督。 同时，平台端口直达全体企业，可以进一步保障政策实施的公平性，倒逼政府部门在政策制定过程中更加精准，充分利用大数据和互联网推动清廉政企关系的建设。

四是实现在线评价，推动透明政府建设。 目前，对政府服务优劣的评价机制相对而言仍不够完善，多数政策效果表现为"绩效后评"。 "亲清在线"平台可以让政策的实施时时处于被检查、被反馈的状态，且引入互联网的星级评价机制，可以实现企业对政府的在线监督、实时反馈；同时，参照政务服务"好差评"机制，可建立健全评价、反馈、督办、整改、回访全流程的闭环工作机制,使差评回访整改率达到 100%。 这一做法使得权力在阳光下运行,以公开求清廉,以透明求公正,有效推动政治生态日益清朗、营商环境持续优化。

6.1.4　总结与思考

总的来讲,杭州"亲清在线"平台从"亲""清"二字入手,通过提升服务增强企业对政府的黏度,通过互联网与大数据推动亲廉政商建设,是新时代重塑新型政商关系的有力探索。 同时,"亲清在线"平台也是数字赋能服务型政府建设的一个具体实践,核心就是流程再造。 通过对政策和服务的流程再造,"亲清在线"平台实现了政企间的平等互动和服务指导,而流程再造的能力正是来自始终在线、信用承诺和数据协同。 始终在线是指通过数据在线、服务在线实现诉求在线直达、政策在线兑付、许可在线实现等;信用承诺是指信用的闭环管理让信用承诺得以有效,也让政府的最大诚意得以直达企业;数据协同是通过"城市大脑"中枢系统来实现各个领域政务数据和公共数据的协同,赋能政策的可测可审可评,从而实现政府主动服务和自动审批。在这个过程中,政府的审批转变成了企业的审批,这是政府行政理念的变化,也是政府治理能力的一种体现。

杭州"城市大脑"因治而生,因用而兴,因势而变。 "亲清在线"平台作为"城市大脑"的一大应用,在今后的发展过程中,必须大胆探索、勇于创新,用数据赋能政府自我革命的同时,强化平台自身的吸引力,使之日益成为城市治理体系和治理能力现代化不可或缺的新的数字基础设施。

第一,加深思想认识。 "亲清在线"平台是杭州构建"亲清"新型政商关系的重要平台,是深化"最多跑一次"改革的积极探索,是政府数字化改革的重要抓手,是诚信社会建设的重要机制。 因此,要统一思想、提高站位,充分认识"亲清在线"平台建设的重要意义,加快技术攻坚、拓展应用服务,让政府服务更加便捷高效、阳光透明,真正做到既"亲"又"清"。 在此基础上,广大机关干部特别是各级领导干部要加强专业学习、提升本领技能,对平台构架、流程、技术、政策等了然于心,成为"亲清在线"平台建设和应用的推广大使。

第二,强化按需设置。 推进"亲清在线"平台建设,没有现成经验可循。 当下最紧要的任务便是不断提升平台吸引力,持续保持用户黏合度。 这意味着平台需要有更加丰富多元、更贴合企业需求、更直击痛点难点的功能和应用上线,通过服务提升增强企业对政府的黏合度,拉近政企关系。 这种以企业为中心的理念转变,将给政府的政策反馈带来一系列的连锁反应。

第三,保持政企互动。 按照一个系统、一个平台、一个名称、一个页面、多个端口、全面贯通的要求,持续加强政企之间、市与区县(市)之间和市直部门之间的工作协同和数据协同,推动横向到边、纵向到底,做到全面覆盖、双线互动、数据精准、反应及时。 同时,进一步加大技术、数据库、安全、日常运营、制度保障的建设,探索建立常态化运作机制,构建更加贴近企业的互动体系。

第四,推动双线互动。 线上线下服务的有机融合、补充配合至关重要。因此,在加快线上功能扩充和增强影响力的同时,也应重视线下作用,辅助做好政策解读、事项办理等工作,确保线上线下的同步与配合,在提升效率的同时努力增强企业体验感、获得感。

习近平总书记在杭州"城市大脑"运营指挥中心考察时指出,让城市更聪明一些、更智慧一些,是推动城市治理体系和治理能力现代化的必由之路,前景广阔。 城市会"思考",治理更高效。 "亲清在线"平台正是城市治理中有效重塑新型政商关系的典型应用,不仅推动了新型政商关系的数字化,而且促进政府与市场主体平等互信、清廉透明。 它不仅惠及了疫情之下的企业,更是今后企业健康发展、政企良性互动的有力催化剂,"亲清在线"平台是杭州为国家治理体系和治理能力现代化贡献的"杭州方案",更是为奋力打造全国"数字经济第一城"和"数字治理第一城"提供的"杭州经验"。

6.2 宁波:构建"1+3+1"亲清新型政商关系体系

浙江省宁波市积极探索构建"1+3+1"亲清新型政商关系实践创新,即制定一份正负面清单,建立政商联系沟通、容错免责、评价监督3项长效机制,建设一批亲清家园、示范清廉企业,以此推进政商良性互动,促成政商相互合作,优化营商环境,初步实现"亲不逾矩、清不疏远"的新时代政商关系，有力推进宁波经济高质量发展。

6.2.1 宁波构建"1＋3＋1"亲清新型政商关系的总体情况

政商关系是一个世界性的历史难题。 改革开放以来，随着我国市场化改革进入深水区，如何处理好政府与商界的关系，既防止领导干部因权力寻租滋生腐败，又避免一些干部"怕湿鞋"而疏远企业家，成为进一步优化营商环境的重要课题。 2016 年 3 月，习近平总书记在全国"两会"上明确提出要构建"亲清"政商关系，为各地探索构建新时代政商关系指明了方向。

浙江省宁波市是一个有重商崇商历史的城市，也是我国发展民营经济的佼佼者。 2018 年，宁波的民营经济创造了 80％的地区生产总值，贡献了 76％的税收，提供了 69％的出口额和 87％的就业岗位，是推动宁波高质量发展的重要力量。 2018 年 3 月，浙江省委统战部、省工商联把宁波定为构建"亲清"政商关系的试点城市，要求"制定标准、培育标本、树立标杆"，为全省乃至全国提供具有宁波特色的可复制、可操作、可推广的工作经验。

宁波市委、市政府高度重视这项试点创新工作。 时任浙江省委副书记、宁波市委书记郑栅洁亲自抓落实，多次批示要务实推进、务见成效；要有突破、有创新，要成为标杆、高地。 近年来，宁波市委、市政府相继出台《践行亲清新型政商关系的实施意见（试行）》《关于构建新型政商关系的实施意见》《关于进一步推进降低减负促进实体经济稳增长的若干意见》《宁波市改革创新容错纠错实施办法（试行）》等文件，部署开展"问千家、进百企"走访调研活动，牵头协调解决企业实际困难，为构建"亲清"政商关系营造良好氛围。 宁波市检察院、市公安局等部门出台具体举措，加强协作保障民营经济健康发展，展示了党政部门亲商护商强商的新作为。 有关市县还成立亲清文化研究会，编印《亲清文化的实践和探索》资料，召开"亲清文化与统一战线"理论研讨会，创建亲清家园、亲清文化建设示范基地，以"文化引领、亲上加清"为统领，全面培育和弘扬亲清文化，有力地推进了"亲清"政商关系的实践创新①。

6.2.2 宁波构建"1+3+1"亲清新型政商关系体系的具体做法与特点

"亲清"政商关系的内涵十分丰富,涉及领域非常广泛。 宁波的具体做法是:坚持体系化创建,构建"1+3+1"完整体系,把"亲清"政商关系"统"起来;坚持实效化运作,制定一系列可操作、可落地的具体办法,破难除障,让"亲清"政商关系"亲"起来;坚持创造性实践,建立并完善工作机制,建设清廉民企,让"亲清"政商关系"清"起来;坚持一体化推进,统筹工商联的改革创新工作和基层的丰富创新实践,让"亲清"政商关系"联"起来②。

(1)构建"1+3+1"体系,把新型政商关系"统"起来

"亲清"新型政商关系内涵丰富、涉及面广,其构建必须坚持系统思维、综合施策。 宁波"1+3+1"亲清新型政商关系体系包括:

"1":制定一份党政干部和企业家的正负面清单,既划清底线和红线,又明确必须履行的职责,双向发力、协同推进,这是构建新型政商关系的基本出发点。

"3",就是建立3类长效机制:一是政商联系沟通机制,具体包括联席会议、列名结对、活动参与、意见征询、商会对接服务保障及司法保障这6项制度,全面整合涉企部门的资源,推动政商沟通的常态化、制度化和全方位、全流程。 二是容错免责机制,坚持"三个严格区分开来"原则,鼓励支持党政干部主动作为、大胆工作。 三是评价监督机制,建立"亲清健康指数"并定期发布,对宁波各地践行"亲清"新型政商关系的情况实施有效监督。 这3类长效机制解决了如何加强政商沟通、如何鼓励干部担当作为、如何对基层干部进行监督等关键问题,是构建新型政商关系的基本制度保障。

---

① 参考《中华工商时报》2020 年 4 月 29 日的报道,《"亲""清"有尺度 政商两相宜——宁波创新构建新时代亲清政商关系》。

② 参考《中华工商时报》2019 年 10 月 9 日的报道,《宁波市构建"1+3+1"亲清新型政商关系体系》。

"1"：建设"亲清家园"，在区县（市）、乡镇（街道）、社区等建设非公经济服务中心，提供平台化、一站式的惠企优质服务，这是构建新型政商关系的最终落脚点。

"1＋3＋1"体系环环紧扣，彼此承接，整体推进，推动了新型政商关系"亲"与"清"要求的落地、落细、落实。

(2)坚持破难除障,让新型政商关系"亲"起来

构建"亲清"新型政商关系的关键点在"政"的一方，堵点和难点在于"亲近、亲和、亲密"这一侧。 为此，宁波采取了 3 项具体措施：

一是建立党政干部"七个参加"的正面清单。 即经批准，党政部门及其公职人员可以参加企业、商（协）会组织的经贸交流、联络联谊、外出考察、纾困解难等活动，鼓励党政干部与企业家正常接触、阳光交往，解除后顾之忧。

二是对党政干部实施"五个方面"的容错免责。 详细规定了鼓励企业创新发展、解决涉企历史遗留问题、协调企业解决法律纠纷等 5 种具体可以容错免责的情形，着力营造支持改革、宽容失败的良好氛围。

三是定期发布包含 18 项指标的"亲清健康"指数。 从"亲""清"两个维度出发，围绕"政府服务企业发展""企业促进地方发展""政府清明""企业清廉"这 4 个方面，设计了系统化、可量化的评价体系，每半年发布 1 次，列入对宁波各区县（市）和功能园区的目标考核。 这既是反映各地政商关系的"晴雨表"，更是考核"指挥棒"，监督推动各地高度重视并大力构建"亲清"新型政商关系。

(3)建设清廉民企,让新型政商关系"清"起来

落实新型政商关系的"清廉"要求，需要政府清明和企业清廉紧密融合、同向发力。 对此，宁波采取如下举措：

一是，把建设清廉民营企业纳入新型政商关系的构建体系。 宁波市工商联等以党建为引领，以健全组织、完善制度、强化监督、防控风险等为主要内容，引导企业守法诚信、守牢底线。

二是，全面开展清廉民企建设活动。 宁波市工商联联合市委组织部等9部门共同制定了《推进清廉民营企业建设的实施意见》，向全市民营企业发出加强清廉民营企业建设的倡议书，举办清廉民营企业建设工作培训会，开展清廉示范企业创建活动，为广大民营企业确立学习借鉴的样本和标杆。

三是，出台清廉民企评价标准，制定清廉民营企业评价体系①。 宁波市工商联制定出台了《宁波市清廉民营企业建设评价标准》，围绕清廉民营企业怎么建、如何评，从组织建设、制度建设、文化建设、诚信守法建设、企业家评价这5个方面对建设的标准进行了明确。 评价标准突出了党建工作在清廉民营企业建设中的引领作用，要求建立事前防范、事中监管、事后查处的工作机制。 评价标准突出了制度建设、文化建设的重要性，强调清廉民营企业建设要和企业诚信守法经营相结合。 评价标准还对企业家在清廉民营企业建设中的作用发挥进行了明确。

(4)创建"亲清家园"，把新型政商关系"联"起来

构建"亲清"新型政商关系的最终落脚点是服务企业发展，增强企业的获得感、满意度。 对此，宁波一方面注重发挥商会的桥梁纽带作用，依托各级商会服务中心、经济服务中心等平台，整合行政与社会的服务资源，对接企业的发展需求；另一方面高起点规划建设"亲清家园"，进一步疏通联系政与商的"神经末梢"，打通服务民营企业的"最后一公里"，给政商关系发展深化提供载体。

在实践中，"亲清家园"以"政府引导、多方参与、社会化运作"为原则，具备政情恳谈、政策宣讲、信息收集、矛盾协调、廉情监督等功能。 目前，宁波已在区县（市）、乡镇（街道）、工业社区3个层级建设了8个实体化运作的"亲清家园"（亲清文化）样本，许多"亲清家园"拥有1000余平方米的服务中心，配备了专职人员队伍，为企业提供一站式平台化的优质服务。 如宁波镇海区骆驼商会是"全国十佳服务典范先进商会"，依托商会服务中心建设的"亲清家园"，使广大企业感受到了新型政商关系带来的实打实

---

① 《中华工商时报》2019年9月23日的报道，《宁波出台清廉民企评价标准》。

的好处。 2018 年 11 月，中共中央书记处书记、中央统战部部长尤权专程视察镇海区骆驼商会，对商会工作给予了充分肯定。 宁波积极推进"亲清"新型政商关系创新试点的做法，被中央统战部列入 2018 年度全国民营经济统战工作十佳实践创新案例。

6.2.3　宁波"1＋3＋1"体系对于构建亲清新型政商关系的作用

通过我们的实地调研①和对"亲清指数"的客观评价，我们认为宁波"1＋3＋1"体系对于构建亲清新型政商关系有着以下作用。

(1)形成亲清新型政商关系建设的系统性

宁波市构建的"1＋3＋1"亲清新型政商关系体系是一个完整的系统（见图 6-2）：制定党政干部与企业家的正负面清单后，便厘清了政与商的边界，搭好了政商关系建设的框架，是系统构建新型政商关系的起点，在清单框架下各政与商的主体可以进行亲清交往。 政商联系沟通机制、容错免责机制、评价监督机制这 3 条机制，是保障该系统运转的纽带：一是保障政与商主体之间的沟通联系，保障"商"主体有更多参与的渠道；二是从"政"主体的角度鼓励支持党政干部主动作为、敢于为政商关系构建而大胆工作；三是从评价监督角度入手实现政商关系构建的科学化、可视化、动态化。 最后的"1"，建设"亲清家园"，则是让政商关系构建有了最终落脚点，让看似无形的政商关系有了有形的呈现载体和孵化平台。

这样由"一张清单、三条机制、一个家园"构成的"亲清"新型政商关系体系，是一个完整的系统，让新型政商关系的构建与运转，有整体框架依据、有主体沟通方式、有动态评价监督、有有形落脚载体，在系统思维方面为其他地区推进"亲清"新型政商关系的构建提供了可借鉴、可复制的经验。

---

① 　课题组于 2020 年 7 月前往宁波鄞州区，对区委书记进行访谈，与该区统战部、工商联、发改局、经信局、市场监督管理局、金融办等多个单位负责人进行集中座谈，详细了解该区及宁波新型政商关系的建设情况。

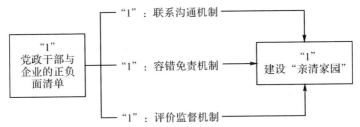

图 6-2 宁波"1＋3＋1"亲清新型政商关系构建体系

资料来源：作者整理而成。

(2)建立对"亲清"新型政商关系的科学评价

宁波在建设"1＋3＋1"亲清新型政商关系中很重视科学评价的作用，如"3"中的评价监督机制，需要建立"亲清健康指数"并定期发布，对宁波各地践行"亲清"新型政商关系的实施情况进行有效监督。2020年，宁波市工商联等出台《推进清廉民营企业建设的实施意见》，明确了推进清廉民企建设的六大举措，其中构建"亲清"政商关系时要求发布"亲清"指数，依托"互联网＋"，运用大数据分析征信体系建设，客观地对政商关系进行综合评价并及时发布。

对此，宁波市委统战部委托浙江大学范柏乃教授领衔的课题组开发"亲清健康指数"综合评价体系，选取鄞州区、余姚市、宁海县、大榭开发区管委会等作为试点区域，每半年发布一次"亲清健康指数"评价报告。评价体系建设过程中要求发挥好统战部门的牵头协调作用，明确责任、落实要求、形成合力；开展抽样问卷调查，做好满意度测评；在统计汇总过程中，善于发现问题，及时梳理并提出意见建议，便于进一步完善综合评价方法。此外，还要求建立发布反馈机制，切实发挥"亲清健康指数"的监督引导作用；增强数据的可获得性，切实提高"亲清健康指数"的现实解释能力[1]。

正因为宁波注重在"1＋3＋1"体系建设中进行科学评价，故而我们看到在国内一系列营商环境、政商关系的评价中宁波都取得了不俗的表现。如在2019年浙江省新型政商关系"亲清"指数中，宁波排名第二，仅次于杭州；

---

[1] 材料来自 http://www.thepaper.cn/news Detail_forward_8882834。

在 2020 年的浙江省新型政商关系"亲清"指数中，宁波再次排名第二，仅次于杭州。 全国工商联于 2019 年发布的《万家民营企业评价营商环境报告》显示，宁波是全国 10 个满意度最高的城市之一，仅次于杭州和深圳，位列第三①。 在由中央广播电视总台编撰的第一份由国家主流媒体发布的第三方营商环境权威报告——《中国城市营商环境年度报告》中，宁波在 2019 年排名全国第十②。

(3)让政商关系构建增强企业的"获得感"

构建政商关系并不是单纯做样子，为了构建而构建，而是通过政商关系建设实现区域营商环境的改善，最终惠及所在地企业。 我们以宁波宁海县清廉民企建设实践为例，来看宁波"1＋3＋1"体系建设是如何增强企业"获得感"的③。

2018 年初，宁海县出台《关于推进清廉民企建设工作方案》，将清廉思想、清廉制度、清廉规则、清廉纪律、清廉文化融入民营企业发展之中，并选择了一批规模较大、党建工作基础较好、企业主积极性较高的企业作为试点，迈开了推进"清廉民企"建设的步伐。 宁波高格卫浴产品有限公司就是试点企业之一。

该公司十分重视清廉建设：一是，通过完善各项清廉企业建设内控制度、打造清廉工作室、开展廉洁文化活动等，在企业内部营造有信用、讲操守、重品行、守底线的良好氛围，将清廉的理念真真切切地转化为企业发展过程中的内生动力；二是，成立清廉企业领导小组，由董事长担任组长，将行政部、采购部、生产部、研发部等重要职能部门负责人纳为小组成员，为清廉民企建设提供组织保障；三是，在制定公司基本守则时，特别增设"廉洁行为准则"内容，配套出台《财务管理制度》《激励制度》《党员管理制度》《关于加强员工廉洁自律工作的通知》等规章制度，为清廉民企建设提供了制度保障。

---

① http://www.acfic.org.cn/ywqlyw201911/t20191104_144853.html。
② http://news.china.com.cn/2020－06/18/content_76176609.htm。
③ 材料来自中华工商网：https://baijiahao.baidu.com/s? id＝16652746803685039038.wfr：spider&for＝pc。

该公司不仅对自己的员工要求严格，也对合作方提出了廉洁从业的要求：在合作之初，公司便会与每一个供应商、合作单位签订《反商业贿赂协议书》，净化双方对接沟通的渠道。公司采购部自 2018 年就与所有供应商签订了这一协议，明确规范了采购流程，排除了请托情况和人情干扰，从而大大降低了采购成本。2018 年以来，公司在主要原材料采购过程中，纸箱采购成本降低了 8％，砂带采购成本降低了 6％。通过制度的约束、严格的执行，廉洁自律工作氛围在公司内部日渐浓厚，员工们的廉洁意识也大大增强，这使得公司能够更好地控风险、降成本，为公司发展提供了无形的力量。2018 年，该公司年产值增长了 36％。

我们看到，宁波市工商联等出台的《推进清廉民营企业建设的实施意见》在推进清廉民企建设方面明确规定，构建亲清政商关系时要求严肃查处公职人员利用职权和职务向民营企业违规借贷、违规持股、低价购房、吃拿卡要、乱收费乱摊派等问题，支持民营企业抵制公职人员的违纪违法行为，直接降低官员不清廉给企业带来的负担；推进权力运行公开规范高效，深化"最多跑一次"改革，推动公共资源阳光交易，促进民营企业公平竞争、依法经营，从而直接降低企业经营的交易成本。

我们也看到，宁波在 2019 年浙江省新型政商关系"亲清"指数中的"清白"维度排名第二，表现较好；其中，政府廉洁度排名第三，政府透明度排名第五，而政府廉洁感知度排名第二，说明宁波市通过新型政商关系建设，特别是清廉民企建设，不但取得了较好的效果，也得到了企业的认同和感知。

6.2.4　总结与思考

总体来看，宁波"1＋3＋1"亲清新型政商关系体系以系统思维为指引，通过"一张清单、三条机制、一个家园"的系统构建，形成了政商关系的体系化与整体化，并实现了对政商关系构建评价的科学化与动态化，还通过提升企业"获得感"将政商关系构建实体化与有形化。宁波的实践给我们带来的思考主要有以下两点：一是，要用系统思维对"亲清"新型政商关系的构建进行整体谋划布局，如何规范界定政与商主体的权利义务，如何顺畅政与商主体之间的沟通联系，如何保障各主体更少顾虑地参与到沟通联系中来，如何让政商关系构建的情况得到科学反映，如何让政商关系的构建有更加有形的载体与呈现，都是需要各地在布局构建新型政商关系前进行通盘考虑的问题；二是，要能及时地让"亲清"新型政商关系构建的情况科学合理地反映出来，这既需要通过科学的评价方法加以分析呈现，也需要有形载体将政商关系与政商交往加以展现，而科学评价与合理呈现会不断推进政商关系的发展与深化。

6.3　温州:"两个健康"先行区

6.3.1　温州"两个健康"先行区的总体情况

2016 年，习近平总书记首次提出"两个健康"重要论述。 "两个健康"是指非公有制经济健康发展、非公有制经济人士健康成长。 选择在温州创建新时代"两个健康"先行区，目的是贯彻落实习近平总书记在民营企业座谈会上的重要讲话精神，在打造良好营商环境、构建"亲清"新型政商关系、推动民营经济高质量发展、弘扬企业家精神、发挥企业家作用等方面先行先试，为更好促进"两个健康"做出示范。 创建新时代"两个健康"先行区，落脚点是让民营企业有更多获得感、更富有发展活力，要把营造全国一流营商环境作为重中之重，紧盯问题补短板，聚焦企业优服务，以实绩实效提升企业满意度。

温州是中国民营经济发祥地。 改革开放 40 多年来，温州率先进行市场取向改革，在中国特色社会主义道路上进行了许多有益的探索和实践。 温州民营经济从无到有、从小到大、从弱到强，缔造了民营经济蓬勃发展的经济奇迹，形成了举世瞩目的"温州模式"。 截至 2017 年底，温州全市在册市场主体共 90.20 万户，其中企业 22.30 万户，相当于每 10 个温州人中就有一个在经商办企业。 温州民营企业数量占全市企业总数的 99.50%，民营经济对当地生产总值的贡献超过 80%，工业增加值占到 91.50%，从业人员占到 92.90%，税收收入占到 82.40%，出口额占到80.00%，民营经济是其国民经济的支柱力量。 因此，在中央统战部、全国工商联的精心指导和省委、省政府的大力支持下，温州成功获批创建全国首个新时代"两个健康"先行区。

《温州市创建新时代"两个健康"发展先行区的总体方案》于 2018 年 6 月在全国工商联主席办公会议和浙江省委全面深化改革领导小组会议上正式通过。 自温州"两个健康"创建工作开展以来，温州制定了"两个健康"温州先行"80 条新政"，推动 2019 年 146 项具体改革举措取得突破性进展，推动 2020 版新清单加速落地。 温州地区通过制定"易企办""证照分离"等商事登记制度、创新技改补助预拨付制度，抓实抓细"融资畅通工程"、市场主体"百万双高"工程，深化"无还本续贷""无抵押贷款"等首创性举措，从市场主体、营商环境、投资融资、外贸、消费、制造业等方面全面落实"两个健康"重要论述。 "两个健康"先行区方案注重通过打造变通可行的服务制度和实行直击问题的发展政策，来保证方案的落地和落实，主要围绕民营经济健康成长和民营企业人士健康成长两个方面进行展开。 具体包括以下内容：

第一，在民营经济健康成长方面，为优化营商环境"10＋N"行动，制定了《温州市优化营商环境办法》，通过推动民营企业迸发活力，着力提升服务效能；率先实现全市贯通省级"8＋13"重大项目和便民服务"瓯 e 办"，创新推行"易企办"，为侨服务的"全球通"实现迭代升级。 在制度建设方面，构建"亲清"政商关系，注重靠制度厘清政商边界，清朗环境立规矩，创新推出"三清单一承诺"制度，实施"清廉民企优化、清廉行业引领、清廉园区样板、清廉市场提升、清廉商会示范"五大工程，办好"亲清政商学堂"。在解决企业难题方面，深化"三服务"活动，建立常态化"理旧账"机制，推行无还本续贷等创新举措，实现民营经济、小微企业、制造业贷款和贷款成本"三升一降"。 柔性执法稳预期，实行重大涉企案件风险报告制度，建立企业家紧急事态应对机制，全面推行涉企柔性执法，让广大企业在温州放心投资、专心创业、安心经营。 新冠肺炎疫情之下，温州相继推出 "惠企 28条""稳经济 32 条""金融 12 条"等系列政策，稳定和保障了民营企业的发展。

第二，在民营企业人士健康成长方面，温州地区牢牢抓住关键环节，加强精神弘扬，努力引导温商健康成长，营造尊重和激励企业家干事创业的营商环境。 在政府和企业家关系方面，温州民营经济学院"亲清政商学堂"再升级，正式上线"亲清政商云学堂"，为企业家们提供政策法规解读、前沿形势观察、企业发展赋能等学习资源，让党政干部和企业家"同上一个班，亲清共成长"。 在企业家精神方面，大力弘扬"敢为人先，特别能创业创新"的温州人精神，持续注入追求卓越、守正出新、富于创造、大气包容、美美与共、奋斗奋进等新的时代内涵，让温州企业家精神薪火相传。 在企业家地位与作用方面，温州率先推出全国首个"民营企业家节"，并实施企业家参与涉企政策制定等举措，进一步激发民营企业家的创新创业活力；实施"青蓝接力"培养行动，在全国率先成立民企"新时代讲习团"，创建温州民营经济学院，建立新生代企业家到机关挂职锻炼制度。 在企业家评价标准方面，制定"两个健康"温州标准，在全国率先探索构建一套科学性、操作性较强的民营经济健康发展指标体系和民营企业家健康成长评价体系，加快推动先行区向示范区跨越、制度成果向理论成果提升、创建实效向发展实效转化。

民营经济发展和民营企业发展均与浙江省新型政商关系密切相关，这是新型政商关系的重要落脚点，且新型政商关系的构建主要是围绕政府对企业发展，尤其是对民营企业发展的支持进行构建的。 "两个健康"先行区的建设方案，包含了构建"亲清"政商关系的相关举措，因此，温州"两个健康"先行区的建设，为进一步完善温州新型政商关系提供了重要支撑。

6.3.2 温州"两个健康"先行区的实践成效

在"两个健康"先行区运行 1 年多以来，温州地区政府牢记习近平总书记对续写创新史的殷殷嘱托，以政治引领增强企业发展信心、以礼遇尊重企业创业初心、以创新之能创造企业雄心、以制度供给坚定企业转型决心、以商会组带增进企业奋斗恒心，着力推动"两个健康"先行方案在基层的探索和实践，全市各部门和各企业通过不断努力取得了显著成效。

在新时代"两个健康"先行区创建的引领推动下，温州谋划推出的 146 项政策举措已经 100％落地，36 项具有引领性的首创经验得到复制推广，温州市场活力越来越强，市场主体越来越多，市场环境越来越优，经济发展呈现向上向好态势。 2019 年,温州全市地区生产总值在全国城市的位次提升 5 位,重返全国 30 强;2019 年上半年,温州经济呈"V 字回升",第二季度经济增长由负转正,回升幅度明显高于全省平均水平。 乐清生产总值总量超 1200 亿元,居全省第十二,进位 3 名,规上工业亩均税收、亩均工业增加值等多项指标值居全省县(市)第一。

(1)市场活力明显提升,市场主体实力增强

在"易企办""证照分离"和市场主体"百万双高"工程等激发市场活力的改革之下,温州企业数量逆势增长。 截至 2020 年 7 月底,温州全市在册企业总量达 30.94 万户,同比增幅连续 4 年保持两位数以上;新设企业3.93 万家,同比增幅 24.12%,位列全省第一。 温州推动实施"百企上市、千企上规、万企上云"计划,2019 年全市新增"小升规"企业 1030 家、上云企业1.4万家,新增"隐形冠军"企业数、"专精特新"培育企业入库数居全省第一。温州"保市场主体"成效显著,市场主体数量的提升为民营经济注入了新鲜的血液。 2020 年上半年为企业累计兑现、减免各类资金 257 亿元,仅上半年减免资金总量便超过 2019 年全年总和。

为推动民营经济进一步向绿色高质量发展,温州坚持对低水平小微企业做"减法",改造低效产能,淘汰散乱企业。 截至 2020 年 9 月,温州累计整治和注销企业 2.69 万家,其中关停淘汰 1.57 万家、改造升级 2000 余家;新增上市报会企业 8 家,力度为历年最大,其中新增过会企业 5 家,新增上市公司 2 家,而背后还有多达 223 家的拟上市公司正蓄势待发。 同时,温州引进浙大、国科大温州研究院等 7 个高能级创新平台。

(2)市场营商环境大大提升,企业满意度提高

通过全面落实《温州市优化营商环境办法》等,温州市营商环境排名跻身长三角 27 个城市的第四位;企业开办环节总体排名大幅提升,多项指标排名全省首位。 在省发改委按世行标准组织发布的全省营商环境综合评价内部报告中,2019 年,温州由全省第六升至全省第三,综合排名居全省前列。 企业满意度增强方面,在新冠肺炎疫情期间,温州全市惠企政策兑现超过 200 亿元,在 2020 年的全省改革满意度调查中,温州降本减负和惠企政策满意度分别居第一位和第二位。 在"百会万企"评部门活动中,参评的千家单位满意率达99.00%。 企业家的干事创业激情得到了有效激发,在温州复工较晚的情况下仍能赶上全省步伐。

(3)整体经济发展增速趋高,重返全国 30 强

2019 年前 3 季度,温州地区生产总值同比增长 8.20%,高出全国 2 个百分点,增速稳居全省第二;出口同比增长 26.80%,高出全国 21.60 个百分点,拉动浙江省外贸增长 1.1 个百分点;一般公共预算收入同比增长 16.30%,高出全国 13 个百分点;社会消费品零售总额同比增长 9.80%,高出全国 1.60 个百分点。 2020 年上半年技改投资增长 24.30%,增速全省第一;招引落地亿元以上制造业项目 92 个,为历年最多,其中百亿元制造业项目谋划实现了零的突破,50 亿元以上单体制造业项目达到 6 个。 2019 年,温州全市地区生产总值在全国排名比 2018 年提升了 5 位,重返全国 30 强。

6.3.3 总结与思考

温州通过"两个健康"先行区 1 年多来的实践,使民营经济活力和创造力得到了进一步激发,民营企业家创业创新热情得到了进一步高涨,取得了阶段性成果,形成了一些可借鉴、可复制、可推广的经验。 这证明新时代"两个健康"先行区创建工作是应对经济下行的有效抓手,是推进民营经济高质量发展的有力引擎,也是健全完善新型政商关系的有效举措,其中一些举措已经在全国或全省形成了一定的影响力,为其他地区的企业健康发展和政商关系的完善构建提供了经验。

第一,在全国、全省推广一系列首创性改革措施:率先在全国推出惠企政策"直通车"、推出为侨服务"全球通"、推行"三清单一承诺"制度,健全政商交往机制;率先推出符合条件的企业"无还本续贷"模式;建立常态化"理旧账"机制;创新农民资产受托代管融资模式;建立"两个健康"综合评价体系;在全国首先试点"个人破产"制度,率全省之先设立破产法庭。

第二,率先建立一套服务企业长效机制:制定"两个健康"温州标准;开

启民营经济健康发展评价指标体系创建和试算工作，并逐步走向"国家标准"；打造"国家自主创新示范区"，通过引进高新技术产业和企业，集聚创新增长极，为温州树立民营经济新标杆积蓄澎湃动能；创建"有限度自有经营区"；推出国家金改2.0版（建设"金融大脑"预判预控金融风险，企业融资难、融资贵问题取得实质性突破）；动态更新"白名单"，纾困优质民营企业；实施柔性执法（梳理出3290项"涉企免罚清单"，对轻微违规行为实行"首次不罚"）。

第三，创新了一系列尊商爱商的做法：为提升企业家的社会地位，设立了全国首个"民营企业家节"，让民营企业家有了自己的节日，并出台全国首个企业家参与涉企政策制定的规范性文件；增强企业家安全感，包括建立企业家紧急事态应对制度，实行重大涉企案件风险报告制度，以及建立民营企业维权服务平台。

另外，温州地区"两个健康"先行区的建设与所取得的较好成绩离不开一套从上至下的严谨的运作与管理体系。第一是实施"一把手"工程，高站位谋划推进。市委将推进"民营经济发展"列为6个主攻点之首，将"两个健康"作为全市龙头性、牵引性、全局性工作抓紧抓实。第二是创设有效机制，实现实体化运作。成立了由市委书记为组长的市创建新时代"两个健康"先行区工作领导小组，建立了"一办七组"工作机构，建立定期协调、工作流转、信息通报、考核督办四大工作机制，全市形成了专人负责、上下联动的"一盘棋"创建工作格局。第三是制定责任清单，确保有序实施。明确责任单位和完成期限，形成责任清单，并将其推进落实情况纳入"六比清单"考核体系，作为市直部门和县（市、区）绩效考核的重要依据。

6.4 衢州：以"有礼"构建亲清新型政商关系

6.4.1 以"有礼"构建亲清新型政商关系的总体情况

衢州地处浙江省西部、浙江母亲河钱塘江的源头，至今已有6000多年的文明史和1800多年的建城史，是圣人孔子嫡系后裔的世居地。 作为南孔文化的发源地，"南孔文化"逐渐成为衢州最具识别度的标志。

"衢州有礼"是衢州独特的城市精神和价值主张。 衢州的礼是自然之礼。 在儒家思想影响下，衢州人民历来崇尚人与自然的和谐相处，具有尊重天地自然的优良传统。 遵循自然规律，保护自然生态，走绿色发展之路，是全市上下的共识。 "有礼文化"规范着衢州人的行为准则，演变为品行合一的衢州民风民俗，构成了历代传承而相沿不辍的文化传统。 衢州的礼是治理之礼。 衢州坚持把"衢州有礼"与优化营商环境和基层治理有机结合：衢州是浙江"最多跑一次"改革的先行示范市，已列入全国12个营商环境评价试点市之一；同时，衢州是全国首批"雪亮工程"建设示范城市之一，基层智慧治理走在全国前列。

借力"南孔圣地·衢州有礼"城市品牌的打造，深挖营商文化底蕴，衢州畅通了政企沟通渠道，规范了政商交往行为。 衢州建立完善"店小二"式服务企业制度，充分调动机关干部联系与服务企业的积极性、主动性和创造性，鼓励机关干部与企业家建立真诚互信、清白纯洁、良性互动的工作关系。 鼓励企业家通过正常渠道反映情况、解决问题，依法维护自身合法权益，讲真话、谈实情、谏诤言。 树立对企业家的正向激励导向，激发和保护企业家的改革创新精神，营造鼓励创新、宽容失败的文化和社会氛围。 加强对优秀企业家先进事迹和突出贡献的宣传报道，展示优秀企业家精神，凝聚崇尚创新创业正能量，营造尊重企业家价值、鼓励企业家创新、发挥企业家作用的舆论氛围。

衢州将通过3—5年的时间，把"有礼"文化与优化营商环境和基层治理有机结合，打造中国营商环境最优城市和基层治理最优城市，让"有礼"成为衢州建设希望之城、奋斗之城、温暖之城的重要支撑。

6.4.2　衢州以"有礼"构建亲清新型政商关系的具体做法

(1)开展"最多跑一次"服务

"给企业减负、给自我加压，方能跑得快、跑得远。"衢州优化营商环境办公室相关负责人说。 衢州以"最多跑一次"改革为抓手，大力推进"无差别全科受理"改革全市覆盖，深入推进重点领域改革。 衢州"最多跑一次"改革的实现率和满意率持续保持全省前列，通过创新政府服务方式，确保企业办事最简、最快、最优，激发全社会投资创业热情。

①"110"计划——让衢州的企业开办"再提速"

一件事（合并企业设立和印章刻制为一个环节；取消银行基本账户开立许可；打造企业开办"一件事"通办平台，线上线下实施"一窗受理、并联办理"）、一次办结（推行企业开办套餐式服务、银行代办一站式服务，全面满足企业个性化需求）、零成本（首套印章刻制费用政府买单，税控设备购置费用可全额抵扣纳税），这正是衢州推出的企业开办"110"计划。

2019 年 6 月，衢州在全省率先上线和运行投资在线平台 3.0。 与过去的在线平台 2.0 版相比，在线平台 3.0 版按照"1＋1＋4"（第一个"1"是浙江政务服务网，第二个"1"是投资在线平台 3.0 版，"4"是"立项、规划许可、施工许可、竣工验收"4 个审批模块）架构，将投资在线平台 2.0 版和工程建设项目审批系统升级成投资在线平台 3.0 版，实现项目审批流程立项许可、规划许可、施工许可、竣工验收 4 个阶段全生命周期覆盖。 确保审批事项减少 10% 以上，申报材料减少 50% 以上，审批环节减少 20% 以上，力争实现一般企业竣工验收前审批期限最多 90 天。

另外，为了支撑限时审批，衢州市营商办牵头，组建了 8 部门参与的信息化建设团队，共同创新开发了全国首个电力接入行政审批平台，实现了电力接入网上受理、资料共享、并联审批、限时办结的全新审批模式，有效地疏通了办事的关键"堵点"。 电力接入项目行政审批大幅提速，原先需要数月办成的事项，现在几日就能办好。 另外，通过降低大工业用电和一般工商业及其他用电价格，2018 年为全市企业降低用电成本 9500 万元。

②"111"计划——让企业"退出"不再难

为切实解决企业"注销难"问题，让企业退出市场更加便利，2018 年，衢州紧扣企业实际需求，研究制定《衢州市企业注销全流程"一件事"集成办理行动方案》，推出企业注销全流程一件事、一键预约、一揽子办理的

"111"计划，旨在推动构建"宽进易出"的企业发展环境。

为确保将服务企业落到实处，衢州还建立优化营商环境工作专班制度，设立营商服务专班，实行专人、专线、专窗受理，做到件件有落实、事事有回音。此外，衢州还不定期地对工作的推进落实情况进行跟踪督查、交办督办和通报问责。据统计，2019年上半年，衢州全市新增各类市场主体21 377户，同比增长33.66%。

(2)数字化转型——打造智慧高效的营商环境

数据代替人跑路，衢州以实施政务信息系统和公共服务数据共享应用示范工程试点项目为抓手，打造"掌上办事之城""无证明办事之城"。

衢州从群众和企业办事的需求出发，按照生命周期、主题类型、办理内容等逻辑关系，对事项进行最小颗粒度的情形梳理，通过大数据提高政务服务精准度，实现"智能化"导航。

"一网通办"是一流营商环境的关键环节。目前，衢州已对接5个国家部委级系统的19个事项、省级36个系统的403个事项、市级7个系统的642个事项。进驻市行政服务中心的1336个事项中，依申请办理的1290个"最多跑一次"事项全部开通网上办理，全流程网上办理的事项达到783个，761个事项实现"零跑腿"，596个事项实现移动端办理，223个民生事项实现"一证通办"。

(3)大力推进清廉企业建设

清廉就是企业的生产力，清廉就是企业的竞争力，清廉就是企业的生命力。为深入贯彻落实省委、省纪委和市委关于加快推进清廉浙江、清廉衢州建设的各项工作部署，加快推进全市清廉企业建设，衢州组织召开了实施"倡廉兴企"工程以推进清廉企业建设现场会。

"清廉对企业发展至关重要。企业通过清廉建设，完善内控机制，堵住管理漏洞，降低经营成本，最终达到增加企业效益的目的。"现场会上，衢州东方集团党委书记、董事长潘廉耻表示，清廉就是企业的生产效益，只要注重发挥党员模范引领作用，坚持诚实守信、廉洁奉献，把产品品质做上去，企业核心竞争力就能得到提升，企业就能不断发展壮大。

和衢州东方集团一同做典型发言的，还有来自红五环集团、龙游县国资委、赛得健康集团的主要负责人。他们分别从党建引领入手，就构建"亲""清"新型政商关系纽带，在基于推进内控机制、廉洁队伍、清廉文化建设等方面介绍了清廉企业建设工作的相关做法和经验。市国资委、市工商联领导分别部署了加快推进清廉国企建设、清廉民营企业建设的工作任务，推动全市清廉企业建设落细、落实、落到位。

"官有官德，商有商道。通过清廉企业建设的深入推进，倡廉兴企日益成为我市企业的发展共识，亲清政商关系越来越成为政企双方价值追求的最大公约数。"市纪委相关负责人表示，"自全市清廉企业建设工作开展以来，各地各单位重点突出、特色鲜明，探索出了一些比较好的做法，打造了一批清廉企业样板。下一步，要继续正视问题、凝聚共识、齐抓共管、汇聚合力，推动全面从严治党向企业延伸，为'打造中国营商环境最优城市'、开创衢州清廉企业建设新局面贡献力量。"

(4)衢州首创"信用码"嵌入司法执行做法

2020年6月30日，浙江省衢州市中级人民法院联合衢州市营商环境建设办公室、市信用建设领导小组办公室出台《关于构建"134N"智慧治理模式为衢州信用体系建设提供司法保障的意见》，并发布"衢州有礼"红黑榜，将10家企业列入"红榜"加以正向激励，将5名个人和5家企业列入"黑榜"进行反向惩戒。

该意见首创"信用码"嵌入司法执行做法，把自动履行作为"信安分"评定的重要依据，提高自动履行当事人信用评级，提升无强制执行个人信用评级权重，通过府院联合机制，共同推进"134N"智慧治理模式落地，使自动履行的当事人获得更好的社会信用评价，不断形成正向激励的新风尚。

其中，"134N"中"1"指的是以"信安分"为载体，"3"指的是"衢州信用码"蓝码、绿码和黄码三色管理，"4"指的是"政企通""邻礼通""村情通"和行政审批平台，"N"指的是多个应用场景。"134N"以"信安分"为载体，通过衢州"信用码"分类分色管理，将相关当事人的信用信息对接入"政企通""邻礼通""村情通"和行政审批平台，实现信用信息"数据跑""信息通""码上行"。 通过将"信用码"嵌入司法执行，联合奖惩机制实现了范围更广、互通更快、触手更远、管理更智慧、措施更扎实的效果。

6.4.3　总结与思考

衢州以成为"一座最有礼的城市"为建设目标，结合全国文明城市创建和"南孔圣地·衢州有礼"城市品牌打造，通过创制立法、融合礼法，以礼促法、以法护礼，不断提升城市治理能力，以期礼备乐兴、政通人和。

先哲有言曰"礼之用，和为贵""大道之行也，天下为公"。 和谐大同、天下为公是中华先哲苦苦追寻的大道，也是习近平总书记引用率较高的一则典故。 大同的政治理想需要制度去落地，这个制度在我国古代儒学思想家的眼中就是"礼"。 衢州作为南孔圣地，抓住"礼"这个破解治理难题的文化钥匙，以打造"有礼衢州"作为突破口，推动解决一系列治理难题。 通过"礼"的制度设计，推出"有礼指数"的可视化治理标准，推动城市治理精细化、现代化。 有礼更为有力，有礼也给衢州发展带来各方面的利好。 正是通过"有礼衢州"的建设，衢州在经济社会发展各方面取得了独特的优势、快速的进步，为经济社会长足发展奠定了文化基础、精神基础、民意基础。

"法令其本在正人心，厚风俗"。 法治和人心风俗之间有着紧密的联系，人心风俗好了，法治进步、文明新风也就有了更扎实的基础。 "有礼"正是人心风俗和政策法律之间的桥梁，是一个推动社会和谐、百姓安康、环境和美、人类大同的"金钥匙"。 衢州以"有礼"打造和谐干群关系，牢固树立以人民为中心的发展观，增进党同人民群众的血肉联系；衢州以"有礼"构建"亲""清"新型政商关系，服务好经济社会发展，全力优化营商环境；"环境就是最好的招才引智吸力"，衢州以"有礼"不断优化人才发展环境，持续做优服务，打造优化"政企通"平台，随叫随到、服务周到，为人才提供精准化、个性化服务。 2020 年，"智汇衢州"市县联动引进高层次人才，百万元引博士、五十万元引硕士、二十五万元引本科，让人才引得来、留得住。 "有礼衢州"正以其礼贤人才、礼遇人才的真心诚意，吸引着海内外人才居家在衢州、创业在衢州。

衢州民风淳朴、古迹甚多，弦歌不辍、高新引领，数字经济智慧产业、美丽经济幸福产业蓬勃发展，"最多跑一次"改革、营商环境评价、人才发展环境评价均位居全国前列。"法安天下，德润人心"。衢州以法治手段推动城市文明迭代升级，又以"有礼"精神哺育法治和精神文明新风的做法，值得推广和借鉴。

参考文献

[1] 郑善文，2018. 构建亲清新型政商关系若干问题研究 [J]. 理论研究
（5）:59-66.

[2] 卞志村，2018. 构建"亲""清"新型政商关系 [N]. 新华日报，
2018-11-13（015）.

[3] 杨卫敏，2016. 构建"亲""清"政商关系探析：学习习近平有关新型
政商关系的重要论述 [J]. 江苏省社会主义学院学报（3）:37-45.

[4] 杨卫敏，2018. 简析新型政商关系的层次构建及保障：以浙江省的实践
探索为例 [J]. 广西社会主义学院学报，29（4）:33-40.

[5] 邱实，赵晖，2015. 国家治理现代化进程中政商关系的演变和发展
[J]. 人民论坛（5）:12-15, 11.

[6] 王蔚，李珣，2016. 政商良性互动关系应遵循的原则及路径探析 [J].
湖南行政学院学报（6）:88-91.

[7] 唐亚林，2016. "亲""清"政商关系的社会价值基础 [J]. 人民论坛
（9）:6.

[8] 侯远长，2017. 构建新型政商关系若干问题研究 [J]. 学习论坛，33（2）:
11-14.

[9] 陈璟，刘俊生，2016. 四维度政绩考核促"亲""清"型政商关系的建
立 [J]. 中国党政干部论坛（6）:15-18.

［10］ 施雪华，2010.“服务型政府”的基本涵义、理论基础和建构条件
［J］. 社会科学（2）:3-11, 187.

［11］ 褚红丽，2018. 新型政商关系的构建:“亲”上加“清”［J］. 山东大
学学报（哲学社会科学版）（5）:140-149.

［12］ 江阴市委统战部江阴市委党校联合课题组，2017. 新型政商关系构建
中的统战策略研究［J］. 江苏省社会主义学院学报（6）:64-73.

［13］ 于文轩，林挺进，吴伟，2012. 提升政府治理水平，打造服务型政
府:2011 连氏中国服务型政府指数及中国城市服务型政府调查报告
［J］. 华东经济管理，26（7）:26-30, 38.

［14］ 新加坡南洋理工大学南洋公共管理研究生院课题组，2013. 完善服务
型政府体系，实现全面均衡发展:2012 年连氏中国服务型政府调查报
告［J］. 经济研究参考（10）:22-40.

［15］ 吴伟，2014. 2013 连氏中国服务型政府调查报告［J］. 电子政务（4）:
18-33.

［16］ 吴伟，于文轩，马亮，2016. 提升社会公平感，建设服务型政府:
2014 连氏中国城市公共服务指数调查报告［J］. 公共管理与政策评
论，5（1）:5-16.

［17］ 聂辉华，韩冬临，马亮，等，2018. 中国城市政商关系排行榜 2017
［R］, 5.

［18］ BAUM R, SHEVCHENKO A, 1999. The paradox of China's post-mao
reforms ［M］. Cambridge & London:Harvard University Press.

［19］ FISMAN R, 2001. Estimating the value of political connections
［J］. The American economic review, 91（4）: 1095-1102.

［20］ FACCIO M, 2006. Politically connected firms ［J］. The American
economic review, 96（1）: 369-386.

［21］ LI H, MENG L, WANG Q, et al., 2008. Political connections,
financing and firm performance:evidence from Chinese private firms
［J］. Journal of development economics, 87（2）: 283-299.

［22］ CHEN C J P, LI Z Q, SU X J, et al., 2011. Rent-seeking incentives,

corporate political connections, and the control structure of private firms:
Chinese evidence [J]. Journal of corporate finance, 17 (2) : 229-243.

[23] PIOTROSKI J D, ZHANG T, 2014. Politicians and the IPO
decision: the impact of impending political promotions on IPO activity
in China [J]. Journal of financial economics, 111 (1) : 111-136.

[24] LIN K J, TAN J, ZHAO L, et al., 2015. In the name of charity:
political connections and strategic corporate social responsibility in a
transition economy [J]. Journal of corporate finance, 32: 327-346.

[25] LI S X S, WU H, 2015. Political connection, ownership structure, and
corporate philanthropy in china: a strategic-political perspective [J].
Journal of business ethics, 129 (2) : 399-411.

[26] FERRIS S P R H, JAVAKHADZE D, 2016. Friends in the right
places: the effect of political connections on corporate merger activity
[J]. Journal of corporate finance, 41: 81-102.

[27] HE K, PAN X, TIAN G G, 2017. Political connections, audit
opinions, and auditor choice: evidence from the ouster of government
officers [J]. Auditing: a journal of practice & theory, 36 (3) : 91-114.

[28] FAN J P H T, WONG J, ZHANG T, 2007. Politically connected
CEOs, corporate governance, and Post-IPO performance of China's
newly partially privatized firms [J]. Journal of financial economics,
84 (2) : 330-357.

[29] BERKMAN H R A C, FU L J, 2011. Political connections and
minority-shareholder protection: evidence from securities-market
regulation in China [J]. Journal of financial and quantitative
analysis, 45 (6) : 1391-1417.

[30] LI C Q, 2013. Principal-principal conflicts under weak institutions: a
study of corporate takeovers in China [J]. Strategic management
journal, 34 (4) : 498-508.

[31] FONSEKA M M, YANG X, TIAN G L, et al., 2015. Political

connections, ownership structure and private-equity placement decision：evidence from Chinese listed firms ［J］. Applied economics, 47（52）：5648-5666.

［32］ XU N, YUAN Q B, JIANG X, et al., 2015. Founder's political connections, second generation involvement, and family firm performance：evidence from China ［J］. Journal of corporate finance, 33：243-259.

［33］ CHEN C R, LI Y Q, LUO D L, et al., 2017. Helping hands or grabbing hands? an analysis of political connections and firm value ［J］. Journal of banking and finance, 80：71-89.

［34］ CAO X, PAN X, QIAN M, et al., 2017. Political capital and CEO entrenchment：evidence from CEO turnover in Chinese non-SOEs ［J］. Journal of corporate finance, 42：1-14.

［35］ BANERJI S M D, SHABAN M, 2018. Political connections, bailout in financial markets and firm value ［J］. Journal of corporate finance, 50：388-401.

［36］ LIM C Y J W, ZENG C, 2018. China's 'Mercantilist' government subsidies, the cost of debt and firm performance ［J］. Journal of banking and finance, 86：37-52.

［37］ 罗党论, 甄丽明, 2008. 民营控制、政治关系与企业融资约束：基于中国民营上市公司的经验证据 ［J］. 金融研究（12）：164-178.

［38］ 潘红波, 夏新平, 余明桂, 2008. 政府干预、政治关联与地方国有企业并购 ［J］. 经济研究（4）：41-52.

［39］ 张敏, 黄继承, 2009. 政治关联、多元化与企业风险：来自我国证券市场的经验证据 ［J］. 管理世界（7）：156-164.

［40］ 潘越, 戴亦一, 李财喜, 2009. 政治关联与财务困境公司的政府补助：来自中国 ST 公司的经验证据 ［J］. 南开管理评论, 12（5）：6-17.

［41］ 贾明, 张喆, 2010. 高管的政治关联影响公司慈善行为吗？ ［J］. 管理世界（4）：99-113,187.

[42] 余明桂, 回雅甫, 潘红波, 2010. 政治联系、寻租与地方政府财政补贴有效性 [J]. 经济研究, 45（3）: 65-77.

[43] 戴亦一, 潘越, 冯舒, 2014. 中国企业的慈善捐赠是一种"政治献金"吗?：来自市委书记更替的证据 [J]. 经济研究, 49（2）: 74-86.

[44] 党力, 杨瑞龙, 杨继东, 2015. 反腐败与企业创新:基于政治关联的解释 [J]. 中国工业经济（7）: 146-160.

[45] WEINGAST B R, 1995. The economic role of political institutions: market-preserving federalism and economic development [J]. Journal of law economics & organization, 11（1）:1-31.

[46] QIAN Y, WEINGAST B R, 1996. China's transition to markets: market-preserving federalism, Chinese style [J]. The journal of policy reform, 1（2）: 149-185.

[47] QIAN Y, WEINGAST B R, 1997. Federalism as a commitment to perserving market incentives [J]. The journal of economic perspectives, 11（4）: 83-92.

[48] LI H, ZHOU L A, 2005. Political turnover and economic performance: the incentive role of personnel control in China [J]. Journal of public economics, 89（9）: 1743-1762.

[49] 周黎安, 2007. 中国地方官员的晋升锦标赛模式研究 [J]. 经济研究（7）:36-50.

[50] 周黎安, 2008. 转型中的地方政府:官员激励与治理 [M]. 上海: 格致出版社.

[51] 张军, 高远, 2007. 官员任期、异地交流与经济增长:来自省级经验的证据 [J]. 经济研究（11）:91-103.

[52] 王贤彬, 徐现祥, 2008. 地方官员来源、去向、任期与经济增长:来自中国省长省委书记的证据 [J]. 管理世界, 174（3）:16-26.

[53] 王贤彬, 徐现祥, 李郁, 2009. 地方官员更替与经济增长 [J]. 经济学（季刊）, 8（3）:1301-1328.

[54] 徐现祥, 王贤彬, 2010. 晋升激励与经济增长:来自中国省级官员的

证据 [J]. 世界经济（2）:15-36.

[55] 钱先航, 曹廷求, 李维安, 2011. 晋升压力、官员任期与城市商业银行的贷款行为 [J]. 经济研究（12）:72-85.

[56] 徐业坤, 钱先航, 李维安, 2013. 政治不确定性、政治关联与民营企业投资：来自市委书记更替的证据 [J]. 管理世界（5）:116-130.

[57] 干春晖, 邹俊, 王健, 2015. 地方官员任期、企业资源获取与产能过剩 [J]. 中国工业经济（3）:44-56.

[58] 曹春方, 马连福, 沈小秀, 2014. 财政压力、晋升压力、官员任期与地方国企过度投资 [J]. 经济学, 13（4）:1415-1436.

[59] 罗党论, 赖再洪, 2016. 重污染企业投资与地方官员晋升：基于地级市 1999—2010 年数据的经验证据 [J]. 会计研究（4）:42-48.

[60] STIGLER G J, FRIEDLAND C, 1962. What can regulators regulate? the case of electricity [J]. Journal of law & economics, 5（5）:1-16.

[61] LAFFONT J J, MARTIMORT D, 2009. The theory of incentives: the principal-agent model [M]. Princeton: Princeton University Press.

[62] 聂辉华, 李金波, 2006. 政企合谋与经济发展 [J]. 经济学（季刊）, 6（1）:75-90.

[63] TIROLE J, 1986. Procurement and renegotiation [J]. Journal of political economy, 94（2）:235-259.

[64] TIROLE J, 1992. Collusion and the theory of organizations [J]. Advances in economic theory, 2:151-206.

[65] KOFMAN F, LAWARRÉE J, 1996. On the optimality of allowing collusion [J]. Journal of public economics, 61（3）:383-407.

[66] 聂辉华, 张雨潇, 2015. 分权、集权与政企合谋 [J]. 世界经济, 6（3）:3-21.

[67] 王赛德, 潘瑞姣, 2010. 中国式分权与政府机构垂直化管理：一个基于任务冲突的多任务委托—代理框架 [J]. 世界经济文汇（1）:92-101.

[68] 尹振东，聂辉华，桂林，2011. 垂直管理与属地管理的选择：政企关系的视角[J]. 世界经济文汇（6）:1-10.

[69] SVENSSON J，2005. Eight questions about corruption [J]. Journal of economic perspectives，19（3）:19-42.

[70] GLAESER E L，SAKS R E，2006. Corruption in America [J]. Journal of public economics，90（6-7）:1053-1072.

[71] SHLEIFER A，VISHNY R W，1993. Corruption [J]. The quarterly journal of economics，108（3）: 599-617.

[72] MAURO P，1995. Corruption and growth [J]. The quarterly journal of economics，110（3）: 681-712.

[73] 聂辉华，张昳，江艇，2014. 中国地区腐败对企业全要素生产率的影响[J]. 中国软科学（5）:37-48.

[74] REINIKKA R，SVENSSON J，2006. Using micro-surveys to measure and explain corruption [J]. World development，34（2）: 359-370.

[75] OLKEN B A，PANDE R，2012. Corruption in developing countries [J]. Annual review of economics，4（1）: 479-509.

[76] 李捷瑜，黄宇丰，2010. 转型经济中的贿赂与企业增长[J]. 经济学（季刊），9（4）:1467-1484.

[77] CAI H，FANG H，XU L C，2011. Eat，drink，firms，government:an investigation of corruption from the entertainment and travel costs of Chinese firms [J]. The journal of law and economics，54（1）: 55-78.

[78] 黄玖立，李坤望，2013. 吃喝、腐败与企业订单[J]. 经济研究（6）:71-84.

[79] 徐细雄，郭仙芝，2017. 地区官员腐败与企业代理成本:基于中国上市公司的实证研究[J]. 重庆大学学报（社会科学版），23（3）:1-10.

[80] 推心置腹! 习近平给民营企业 5 颗"定心丸"[N/OL]. （2016-03-04）. https://news.qq.com/a/20160305/023027.htm? ID=609il.html.

[81] 王小鲁，余静文，樊纲，2013. 中国分省企业经营环境指数 2013 年报

告［M］. 北京：中信出版社.

［82］ 倪鹏飞，2012. 城市化进程中低收入居民住区发展模式探索［M］. 北京：社会科学文献出版社.

［83］ 何艳玲，2013. 中国城市政府公共服务能力评估报告［M］. 北京：社会科学文献出版社.

［84］ 侯惠勤，2013. 中国城市基本公共服务力评价［M］. 北京：社会科学文献出版社.

［85］ 查尔斯·林德布洛姆，1995. 政治与市场：世界的政治-经济制度［M］. 王逸舟，译. 上海：生活·读书·新知三联书店上海分店.

［86］ 习近平，2014. 习近平谈治国理政（第二卷）［M］. 北京：外文出版社.

［87］ 徐勇，2019. 基于中国场景的"积极政府"［J］. 党政研究（1）：5-10.

［88］ 周黎安，2018. "官场＋市场"与中国增长故事［J］. 社会，38（2）：1-45.